身体を持って次の次元へ行く　2

ミナミAアシュタール

夢を叶えたいなら、その夢に「名前」をつければいいんです。

ミナミAアシュタール

あなたのやりたいこと、
夢に名前をつければいいんです。

名前をつければ、あなたのエネルギーを流す的ができます。
そうすれば、現実化しやすくなります。
どんな名前でもいいです。好きな名前をつけてください。
そうすれば、思考のエネルギーを流す方向がはっきりします。
思考の方向がはっきりすれば、現実化するのです。
ボヤーッと、方向性が定まらないから思考のエネルギーをピンポイントに流すことができないのです。
こうしたい、こうなりたい・・・
それをしっかりとイメージし、それに名前をつけます。
そして、名前を楽しんでください。
そうすれば、過程が見えてきます。
過程は自分で、マインドで計画する必要はありません。
名前を楽しんでいれば、過程が見えてくるのです。
それを実行していけばいいのです。

アシュタール

人生はね、
甘いのよ！

さくや

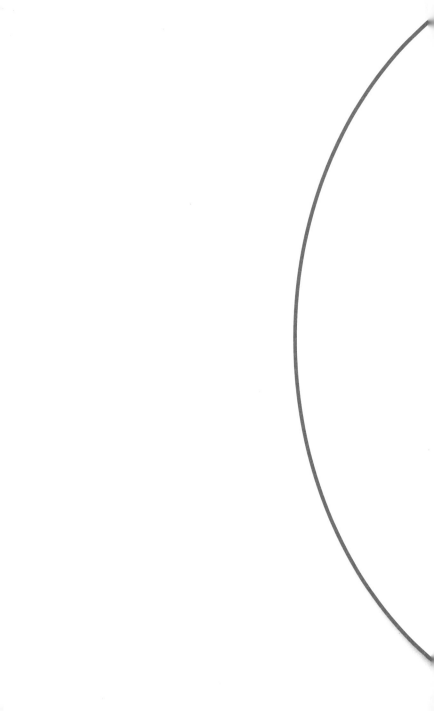

はじめに

こんにちは、**ミナミAアシュタールのミナミ**です。
なんか、どこの国の人？　みたいな名前なんですけど、
私は、全くもって純粋な日本人です。生まれも育ちも日本。
んじゃ、どうしてこんな名前を名乗ってるか・・・
実は、このミナミAアシュタールって、チームの名前なんです。

私、ちょっと面白い（？）変わった（？）特技がありまして・・・
いわゆるテレパシーといわれることができるんです。

で、このテレパシーで宇宙人と話をしているわけです。

その話をしている宇宙人が、アシュタールとさくやさん。

この本の一番最初のページで話をしてくれた宇宙人が、アシュタール、「人生はね、甘いのよ!」って叫んでた宇宙人が、さくやさんなんです。

そして一緒に仕事をしている地球人のパートナーもいます。

そのパートナーの名前が、あつしさん。もちろん日本人。

宇宙人二人、地球人二人のチーム名が、ミナミAアシュタールなんです。


私がアシュタールやさくやさんと頻繁に話をするようになったのが、約四年前。

彼らと話をしているとびっくりすることばかりなんです。

いままで常識だと思ってたことが全部ひっくり返される。

どうして、こんなに真面目に生きているのに苦しい思いばかりなの?

どうして、税金は上がり給料は減っていくようなことばかりなの?

どうして、世界中から争いがなくならないの?

どうして？　どうして？　どうして？　次から次へと質問しました。
返ってくる答えは、目からウロコが落ちるようなものばかりなんです。
ホントに全く思いもよらなかったことばかり。
でも、それが全部腑に落ちる。本当だ、って思える答えなんです。
こうしていろいろ聞いていくうちに、せっかく教えてもらった情報を
自分たちだけで持っていたらもったいない・・・って思いはじめたんです。
で、教えてもらった情報をブログで発信することにしました。
きっとこの情報を必要としている方たちが、私たちの他にもいるはずだと思い
ブログをはじめた次第です。
最初は怖かったですよ、だって、宇宙人からのメッセージですよ・・・。
これを言った時点で普通はアウトですよね（爆笑）。
ただの狂人って思われるのがおちですよね、普通。
でも、きっとわかってもらえる方には、わかってもらえると信じて、
いまも日々、ブログでメッセージをお伝えしているわけです。

この本の企画について

二〇一二年の六月からブログを書いているんですが、おかげさまで読者が少しずつ増え、なんと二〇一五年に二冊の本を出版することができたんです。

そして三冊目を書くことになり、全く違うテーマで書いていました。

そうしたら、二〇一五年末にひょんな経緯で書いたブログの記事が出版社の社長、そして読者の皆さまに評判がよく、
たくさんのご質問とか、ご意見をいただいたんです。

こんなに皆さまが、このテーマに興味があるなら、もう少し詳しく書いて本にしたほうがいいんじゃないかな？　って出版社の社長からお話をいただき、急きょ〝夢に名前をつける〟の企画を三冊目の本として出版することに。

これまでの本では、裏方の作業が多かったあつしさん。
今回は少し表に出たい！　ということで、あつしさんにも登場してもらいます。
この本は、宇宙人のアシュタールとさくやさん、
そして地球人のあつしとミナミの四人の会話本？　というか
宇宙人との日常会話をまとめたものです。
地球で、〝夢〟を叶えるにはどうしたらいいのか？
地球人のあつしとミナミが、率直に宇宙人たちに聞いていきます。

地球の考え方とは全く違う宇宙的観点からのアドバイスです。
きっと、あなたも驚く情報が満載ですよ！　ね、あつしさん！

破・常識あつしです。
もちろん本名じゃないですよ。ふざけた名前と思う方もいらっしゃるかもしれませんが、本人はいたって真面目なんです。

アシュタールやさくやさんと、ひょんなことから出会ってしまい、これまでにたくさんのことを教えてもらいました。その情報がむちゃくちゃ面白いんです。そしてこの世界を楽しく生きるための知識を、たくさん得ることができました。おかげでこれまで持っていた、ものの見方、考え方、価値観、つまり常識をぶち破ってしまい、人生が楽しくなりました。とにかく破・常識です。そんなすごい情報を皆さんにお届けしたいと思います。


今回は、「自分の夢を叶えたい」と本気で思っている皆さまのために「夢を叶える」ことに特化した内容でお伝えします。

そして私たちがテーマにしているのは、とにかくシンプルでわかりやすく、簡単に理解していただける内容、表現です。

子どもからお年寄りまで、どなたでも楽しくお読みいただけます。

そして読後には、「私にも夢が叶えられる！」って、本気で思えることでしょう。

だって、人生は、甘いんだから・・・の思考になりますから。

ね、さくやさん！

そうなのよ！
あなたたちは知らないかもしれないけど・・・

人生って、甘いのよ〜〜〜

これは、何度言っても言い足りないくらいなの。
また、あとからゆっくり話すけどね、とにかく、甘い！
それがわかれば、なんでもできるの。どんな〝夢〟でも、叶えることはできるわ。
人生は甘くない・・・って、昔から言われ続けてるから、そう思ってしまって、甘くない人生を自分で創っちゃってるだけなんだから。

あなたの〝夢〟の叶え方、しっかりと教えてあげるからねぇ〜。


あなたには〝夢〟がありますか？

〝夢〟があるなら、その〝夢〟に名前をつけてください。

そうすれば、その〝夢〟は叶います。現実になるのです。


こんにちは、**私は、アシュタール**と申します。

あなたは信じないかもしれませんが、私は人間ではありません。私は、宇宙人です。

私はテラ（地球）から遠く離れた次元の違う惑星（身体という物質で存在していない次元）から、ミナミさんとテレパシーで交信し、こうしてメッセージをお伝えしています。

まぁ、私が何者で、どこにいるか・・・それはどうでもいいことです。
私のお伝えしてることに耳を傾けてください。
そしてもし、私がお伝えしている情報が気に入られましたら、
ぜひその情報をお使いになってみてください。

夢を叶えたいなら、
その夢に「名前」をつければいいんです。目次

夢序の章

あつし：　それでは、本編にまいりましょう。
まずはじめに、なぜ自分の夢に名前をつけると叶うのか、
アシュタール、具体的に教えてもらえますか。

夢に名前をつける理由

では、夢の話に戻りたいと思います。
名前というのは、あなたが考えているよりずっとパワフルなツールなのです。
名前がつくと、それは具体的な目標となります。
たとえば住所もそうです。住所というのは、その場所の名前ですね。

〇〇県〇〇市〇〇町〇番地・・・これが、その場所の名前です。
その住所という名前があるから、あなたはそこに行くことができるのです。
具体的なピンポイントの住所という名前があるから、
みんなそこにたどり着くができるのです。

このあたりの海のそばの大きな木の下・・・これでは、どこの海の、どの大きな木の下なのか？　わからないですので、行くことができません。

説明している人は、そこをイメージできるかもしれませんが、聞いている人はそれがどこなのかわからないですね。初めて行く場所ならば、なおさらです。

どこそれ？・・・ってことになってしまいます。


人の名前もそうですね。

名前があるから、その人をみんなで共通してイメージすることができます。

あの人・・・あの髪が黒くて長くて、メガネをかけていて、笑うとえくぼができる、可愛い女性・・・それだけじゃ、どの人かわからないですね。

同じような人はたくさんいます。

あの人・・・と聞いて、それぞれ違う人を思うかもしれません。

アシュタールという名前があるから、あ〜、あの宇宙人ね、ということになるのです（笑）。


すべてに名前がついているのは、そういう理由からです。

その個体をしっかりと認識するためのツール・・・それが名前なのです。


ならば、あなたの〝夢〟にも名前をつけてあげればいいということなんです。

〝夢〟に名前がつけば、土地に住所があるように、そこに確実にたどり着くのです。

しっかりと自分のなりたい姿、自分が欲しいもの、自分がやりたいと思っていることが、どこにあるのかがわかるのです。そこに向かって真っすぐに進むことができるのです。

ですから〝夢〟があるのならば、その〝夢〟に名前をつけてください。

とても簡単なことです。

ミナミ：そういうことなのね。それならみんな誰でも簡単に、自分の夢にたどり着くことができちゃうよね。

あつし：「夢に名前をつける」なんて、全く発想なかったからね。もっと早くに、この情報知っていたら違う人生歩んでいたかも・・・。

ミナミ：そうそう！　早く知りたかったな～
でもさ、私の場合自分の夢を公表したら、ことごとく両親や周りの人に反対ばっかされてきたんだけど・・・。

〝夢〟ってね、頭から反対されてなんぼなのよ・・・。

あのねぇ、ぶっちゃけて言うけどね、
あなたがこんなことしたい、こんなものが欲しい・・・って、誰かに言うじゃない？
そしたらね、ほとんどの人が反対するわ。
あなたがじっくり〝夢〟を語る前から、
もう反対のエネルギーがバンバン出てるのがわかると思う。
だいたいの人の最初の反応は、「ムリムリ、そんなことできるわけないじゃない」ってい
うものね。〝夢〟ってね、頭から反対されてなんぼなのよ。それがわかってれば、
反対されても、しょぼ～んってならなくてすむから覚えといてね（笑）。

そしてね、その〝夢〟が大きければ大きいほど、
そして現実的なら現実的なほど、周りの反対は大きくなっていく。
たとえばね、幼稚園の子が「私、大きくなったらＡＫＢに入ってアイドルになるの」って
言ったとしたらどう？　それもその子の立派な〝夢〟よね。

そしたら周りの人は、ほんわか笑いながら「あら可愛いわねぇ～、そうねぇ～、〇〇ちゃんは可愛いからＡＫＢに入ってアイドルになれるわよ～～」って言うでしょ。

でもね、たとえば中学生が「私、ＡＫＢに入ってアイドルの道を目指します」って言ったらどう？　そうよね、大抵の大人は「バカなこと言ってないで、現実を見なさい。そんなものあなたになれるわけないじゃない。ああいうのは、なんかコネがあったりする特別な人にしかなれないのよ・・・高校受験もあるんだから、しっかり勉強しなさい！」って、頭ごなしに反対されるのは目に見えてるわね。

あつし：　そうそう、俺が十八のとき、役者になる！　って大学やめたら、周りの人のほとんどが、「あつしが、気が狂った」って言ってたらしい。あとで聞いたんだけど、みんな酒の肴にして盛り上がってたってね。

ミナミ：　私なんか、四十近くになって役者になるって言ったら、みんな鼻で笑ってたわよ。できるわけないって。まぁ、できるもんならやってみれば・・・って感じかな。

あつし：　そりゃ普通相手にしないでしょ！　ねえ、さくやさん、子どものときと大人になってからの夢に対する周りの人たちの、この反応の違いって何なの？

それはね、幼稚園児の〝夢〟は、遠い話なの。だから、そこで反対する気も起きないの。

それに小さい子の話だからいまだけのことで、またすぐに違うことを言い出すわ、ってね。

だから、まわりも余裕で笑っていられる。

でも中学生の子が言うと、それはもう現実にやりそう、って思うから、
すぐに否定に入るわけよ。わかるでしょ。

それこそ、そんな夢みたいなこと言ってないで、もっと現実を見なさいってね。

あなたにできるわけないでしょ、ってね。

多くの人はね、考える前に、あなたの〝夢〟をしっかり聞く前に、条件反射のように反対の意見が出てくるのよ。そういう風に刷り込まれてしまってるの。

〝夢〟を叶えられる人は、特別な人だけ。

特別な才能を持ってたり、特別な環境にいたりする、

そんな人しか〝夢〟を叶えることなんてできないの。

だから、そんな無駄なことを考えてないで普通に生きることがいいことなのよ・・・ってね、刷り込まれてしまってるの。

それでね、自分でも自分の〝夢〟を諦めてしまってる人が多いわけ。

周りの反対意見を受け入れて、諦めちゃった人が多いの。

反対するのはね、自分もそうやって諦めたんだから、あなたも諦めなさい・・・

って気持ちがあるのよ。その上、怖いの。

ミナミ：　怖い？　どういうこと？

だって、自分で自分の〝夢〟を叶えたことがないと思ってるから、

〝夢〟を叶えることが、どういうことなのかがよくわかってない。

よくわからないことは、怖いことなの。


地道に、普通に生きていく術は持っている。経験もある。だから、やり方はよく知ってる。

だから、それは私たちがあなたに教えてあげられる。

でも、その他のことはわからない・・・自分にとって未知の領域のことは何もわからない。

そんな怖いところにわざわざ行かなくても、普通に生きていけばいいじゃない・・・って、
無意識の領域に刷り込まれてしまってるの。

だから、条件反射のようにすぐに頭から反対するのよね。特に自分の身近な人がそんな怖いところに行かないように、しっかりと守ってあげることが私の役目・・・くらいに思うの。この子のために、しっかりと反対してあげなければいけない・・・って強固に反対するわけ。

だから、反対されてもめげる必要はないのよ。そしてね、反対している人たちの意見を聞く必要もないってこと。だって、やったことがない人の意見を聞いても何も参考にならないじゃない。

だったら実際に自分で〝夢〟を叶えたことのある人の意見を参考にすれば？

実際に〝夢〟を叶えたことがある人はね、頭ごなしにムリムリなんて絶対言わないから。

まず、あなたの〝夢〟をじっくり聞いて、そして、やってみれば・・・って言うわ。

〝夢〟を叶えたという領域を知ってるから、その人は、そこが怖くないの。

だから、やりたいと思う人ならできるってことを知ってる。

だから、やってみればいいんじゃない、できるよ・・・って言えるのよ。

ＡＫＢに入ったこともない人に、入り方を聞いてもわからないでしょ。
でも実際にＡＫＢにいる人たちに、どうやって入ったかって聞けば
具体的に教えてくれるわ。そうでしょ？
あなたの〝夢〟にとって必要な情報は、似たような〝夢〟を
実際に叶えた人しか持ってないの。

山に登ったこともない人に、エベレストに登りたいんだけどどうしたらいいですか？

って聞いても仕方ないのはわかるでしょ？

エベレストに登ったことのない人は、できるわけないから、そんな無謀なことは考えるのはやめなさいって言うわ。だって、その人にとって無理だと思ってることだから。
なら、実際にエベレストに登ったことのある人に聞けばいいのよね。
エベレストじゃなくても、一度でも同じくらいの山に登ったことがある人なら、
こうしたらいい、そしてこういうところに気をつけてやればいいよ・・・
とアドバイスしてくれるわ。
どっちの意見のほうが、あなたにとって参考になるかしら？

あつし‥　だよね、経験者に聞くのが一番参考になるし。
だったら、実際に自分で〝夢〟を叶えたことのある人の意見を参考にするのが、夢を持ってる人にとって一番近道だよね。

そもそも〝夢〟って何？

ミナミ：　でもねぇ、さくやさん。

みんながみんな〝夢〟を持っているわけじゃないでしょ？

私の周りにも、〝夢〟ねぇ〜〜って思っている人がたくさんいるわ。もう年だし・・・とか、家族に責任があるからそんな自分の〝夢〟なんて持ってても現実問題できるわけないし・・・とか、そんなものとっくに忘れちゃったわ・・・とか。そんな人たちはどうすればいいの？

〝夢〟って何？　結局、何がしたいのか・・・？

それだけのことよね。願望？　望み？　希望？・・・それを〝夢〟って表現してるだけのことでしょ？

だから、〝夢〟を持ってない人なんていないのよ。

〝夢〟って、人生をかけて成し遂げる、とても大きな願望・・・みたいに思っちゃってるから、わからなくなるのよね。そんな肩ひじ張って考えなくてもいいんじゃない？　小さくても〝夢〟は〝夢〟なのよ。たとえば、ちょっとお高めの天ぷら屋さんのカウンターで、揚げたての天ぷらを食べたいなぁ～っていうのも、立派な〝夢〟でしょ？

あつし：　なるほど、天ぷらやお寿司を専門店のカウンターで、みたいな、普段そんなに食べられないものを食べにいきた～いっていうのも夢か。

身近なことなら、みんな必ずたくさん持ってるはずよ。

大きくなくてもいいし、ひとつじゃなくてもいいの。

何かしたい、こうなりたい、こんなものが欲しい・・・それが、〝夢〟なの。

で、天ぷら食べたい・・・っていうのが〝夢〟だとしたら、

〝カウンターで天ぷら食べるぞプロジェクト〟って、名前をつければいいんじゃない（笑）。

なんだか、できそうな気になってくるでしょ？

そのできそうな気がするっていうのが、とっても大事なことなのよ。

無理だと思っちゃったら何もしないけど、なんだかできそうって思ったら、
どこの天ぷら屋さんがいいかなぁ〜、って調べるじゃない。そしたら、どんどん情報が出てくるでしょ。ここの天ぷらの衣が薄くていいとか、雰囲気が素敵とか、こぢんまりとしたアットホームなところねとか。

情報が集まれば、どんどんあなたの頭の中で具体的にイメージすることができるようになるわよね。こぢんまりしてて、雰囲気がよくて、サクサクの衣で、値段もこのくらい・・・

あなたの中で自分の好きなお店がわかってくるわ。

そこで天ぷらを食べてる自分をリアルにイメージできるようになるのよ。集める情報は画像とか動画とかで見るほうがいいわね。そのほうが、もっとリアルにイメージできるから。イメージができれば、ほとんど実現しているのと同じ。

思考はエネルギー、思考が先、現実はあと・・・だからね。

特にね、楽しみながら、ワクワクしながらイメージしたものは現実化しやすいのよ。

あつし：　私たちのチームは、「思考が先、現実はあと」というフレーズをよく使いますが、読者の皆さんにわかりやすく説明してもらえますか、アシュタール。

すべては、頭の中からはじまる

すべては、頭の中からはじまるのです。

すべてです、例外はありません。

あなたの周りに存在するものは、すべて誰かの頭の中でできたものです。

机も椅子もノートもボールペンもお皿も、何もかもすべて誰かがこんな物を作りたい、こんなものがあったらいいな・・・と思ったものが現実に物となるのです。

物だけではありません。

何かの目に見えないサービス的なものも同じです。

誰かが思考しない限り、何もできないのです。

それは、こういうことなのです。

そして、頭の中で考えてできたアイディアを、どうやって作っていくかという作業になるわけですね。思考が先、現実はあと・・・なのです。


あなたの〝夢〟も同じことなのです。

あなたが、こんなことしたい、こんな風になればいいな・・・そう思うからこそ、それが現実になっていくのです。そのあなたの思いがなければ、何もはじまらないのです。

それはわかりますね。そして、その思いは、最初はボヤ～～ッとしたものでも大丈夫です。

とにかく、こんな感じぃ～でもいいのです。

ミナミ：　こんな感じぃ～でもいいんだ！
ねえ、アシュタール、夢を叶えたいと思ったら、まず何をしたらいいの？

これが最初の作業。

とにかく、方向性だけを決めてください。

それが一番最初の作業になります。方向性が決まれば、いろんなアイディアが出てきます。

具体的な例

たとえば、いまあなたが食べているインスタントラーメン（カップラーメン）というものも、まず最初は、それを作った人の頭の中でできたものなのです。でも、最初からピンポイントでカップラーメンが頭にできたわけではありません。彼が最初に思ったのは、お腹が空いている人を見て、気軽にすぐに食べられる温かいものがあればいいのになぁ~ということです。

その頃は、すぐに食べられる温かいものがなかったのです。料理に手間暇がかかるものしかなかったのです。そして、お金もかかる・・・まだ貧しかった時代ですので、お金にもそんなに余裕がなく、お腹を空かしていた人が大勢いました。そういう人たちを見ていて、彼はぼんやりとそう考えたのです。それがはじまりです。これが思考の大きな方向性となるのです。

そういう思いが頭にあると、見ているところが変わってきます。食べ物に目がいくように

なるのです。みんなが好きで、そして温かくてお腹がいっぱいになる食べ物・・・
何となくそれを目で探すようになります。
そして、何気なく街を歩いているとラーメンの屋台が目につきます。
ラーメンならみんな好きだし、そんなに高価な食べ物でもないし、
温かくて心がホッとする・・・ラーメンがいいな・・・
ラーメンで何か作れないかな・・・というアイディアが湧いてくるのです。

ここで、彼は自分でそれを作れないか?・・・と思うのです。

ラーメンというアイディアが出てきて、最初の思考よりもう少し方向性が狭まったのです。

そして今度は、どうやったら安く、簡単に、誰にでもすぐに作れる
美味しいラーメンを作ることができるか?・・・という思考になっていきます。

今度は、それをイメージするようになっていきます。

これが次の思考になるのです。

そしたら、乾麺にすれば保存性も高くなるし、いいんじゃないか・・・とひらめきます。

で、乾麺で作る・・・という、もう一つ狭い方向性ができます。
でも　乾麺でも容器がないとダメだ、容器がないと、いつでも気軽に誰でも食べられるということができない。乾麺でも、家とかの調理器具や火がなければ作れないのでは、普通のラーメンと変わらない・・・それはどうしたらいい？・・・と考えるようになります。

簡単にいつでもどこでも誰でも気軽に温かく・・・それを乾麺で作るには？？

という、もう一つ小さく狭まった方向性ができます。

では、それには最初から容器をつければいいんじゃないか・・・という、ひらめきがきます。容器の中にはじめから味をつけた乾麺を入れて、お湯を注げばでき上がるラーメンを作りましょう・・という本当に具体的な方向性が決まってきます。

そして、次々に出てくるもう少し狭まった方向性の道を歩いていれば、気がついたら一番最初に欲しいと思った、誰でもいつでも気軽に食べられる温かいもの・・・が実現していた・・・ということになります。

名前というのは、キャッチフレーズ

このときの彼の〝夢〟の名前は、みんなが気軽にすぐに食べられる温かいもの・・・ということになるのです。

カップラーメンを作った人が意識していたかどうかはわかりませんが、彼は自分の夢に名前をつけたのです。だから、それが実現できたのです。


名前というのは、キャッチフレーズなのです。企業などが何かの企画を立てるときは、その内容がみんなによくわかり、共有できるようにキャッチフレーズをつけますね。

それと同じことを、彼は個人でもしたわけです。

「誰でもいつでもどこででも気軽に食べられる温かいものを作る」

これが彼のキャッチフレーズとなったわけです。


〝夢〟を実現するのは、難しくないのです。

頭の中で創っていけばいいだけのことなのです。

まず、大まかでいいですので方向性だけを決めればいいのです。

とてもシンプルです。

最初から難しく考えてしまうから、自分にはできないとブレーキを踏んでしまうのです。

最初にも言いましたが、やりたいこと、欲しいもの・・・が決まれば、
それに名前をつける。そのことで、〝夢〟に住所がつくのと同じことになります。
住所がわかっていれば、そこに行くことはそんなに難しいことではないですね。

車の運転をしていて、地図があればそこに行くことができます。

地図を見て、その通りに行けばいいだけのことですから。途中途中にはちゃんと標識がありますので、それに従えばスムーズに目的地に行けますね・・・それと同じなのです。

素直に・・・という言葉が重要！

カップラーメンを作った人は、まず「誰でもいつでも気軽に食べられる温かいものをつくる」という住所をはっきりとさせたのです。

そして、次にラーメンという標識を見つけ、その道を行き、そして次に乾麺という標識を見つけ、素直にその道を走り、次に容器という標識を見つけ・・・というように目的地にたどり着いたのです。

ここで素直に・・・という言葉が重要になってきます。

標識を見つけても、疑ったりしてそれに従わなければ目的地に着くことはできないのです。

ひとつでも標識と違う道を行ってしまうと、目的地に着くことはできないのです。

途中で諦めてしまっても、目的地には着くことはできません。住所を決めて、そこに行くと決めたら、疑うことなく、諦めることなく走ってください。

そうすれば、必ず目的地にはたどり着けるのです。

実は、地図はもう古い？

少し余談になってしまいますが・・・先ほどは〝地図〟と言いましたが、地図を頼りに走るのは、実は、いまはもう古いやり方になっています。

いままでの〝夢〟を現実化するという考え方には、努力、修行、忍耐という文字がついてきていました。ある意味、力技でねじ伏せていく・・・というイメージがありました。

だから、皆さん〝夢〟を実現したいと思っても、ツライ思いをしなければいけないなら・・・と二の足を踏んでしまっていたのです。

自分にはそんなに根性はない、ツライことはイヤだ、我慢したくない・・・と思ってしまうので、やる前から諦めてしまうのです。〝夢〟は〝夢〟で終わってしまっていたのです。そうではありません。〝夢〟は、実現するものなのです。

だって、あなたの頭の中でできたものは、実現するものなのですから。


私がお伝えするやり方は、努力も、修行も、忍耐も、根性もいりません。

ただ、〝夢〟に名前をつけるだけ、それもぼんやりとしたもので大丈夫なのです。

こんなことがしたい、こんなものが欲しい・・・そのくらいのアバウトなものでいいのです。内容さえちゃんとわかるキャッチフレーズができれば、それは実現します。

たとえば、地図を見ながらドライブするのが、いままでのやり方だとしたら、
私のやり方は、車に搭載されているナビゲーションシステムに
行きたいところを入力するだけです。
ナビゲーションシステムに入力して、あとはそのナビの指示通りに行けばいいだけです。
ナビの指示が、標識になるのです。地図を見ながらの運転は大変でしたね。
いま自分がいるところがわからなくなったり、道を間違えてしまったり、地図が古くて道

がすでになかったり、いろんなトラブルがありました。だからいつも気を張り、周りに注意して運転しなければいけないから、疲れてしまうのです。

それが、努力だの、修行だの、忍耐だの、根性だのといわれるものなのです。

でも、ナビに任せておけば、あなたは安心して気軽に運転することができます。

運転を楽しむことができます。とても簡単に行きつくことができるのです。

あなたのナビゲーション

では、あなたのナビゲーションとは一体何なのでしょうか?

それは、ひらめき、直感といわれるものです。

ひらめく・・・という経験は何度もしたことがあると思います。


〝あ、〟・・・これです。

この〝あ、〟がひらめきであり、直感であり、
ナビの指示なのです。

長持ちする麺はないか?・・・あ、乾麺にすればいいんじゃないのか?・・・というのもひらめきなんです。

誰でもあることですね・・・方向性が決まっていれば、ひらめきはやってきます。

そのナビの指示に素直に従えばいいだけのことなのです。

そのときにきた指示に素直に従えばいいのですが、

いま他のことで忙しいからそれはできない、あとからやります・・・と言って後回しにしてしまえば、目的地に簡単に行くチャンスを逃してしまいます。

この先百メートルを右に曲がってください・・という指示がきたのに、そのときに曲がらなければ、曲がるべき道を通り過ぎてしまうことになるからです。

そこを曲がらなければ、違うところに行ってしまいますね。

もちろん、その道をはずしてしまっても、
ナビは最終的には目的地に案内してくれますが、
道を通り過ぎてしまった分、遠回りになってしまうということになるのです。
ナビは、最短で行く道を探してくれているのです。
だから、ナビの指示（ひらめき）がきたら、
いまはできないとか言わずに、すぐにそれをやってみてください。
ナビは、あなたの思っている道と全く違う道を指示することもあります。

もし、あなたの思っている道と全く違う道を指示されたとしても、ナビを信じてください。ナビは、最新の情報を持っています。

あなたが知らない道もよく知っているのです。

夢破の章

未来はね、何も決まってないの

未来はね、何も決まってないの。あなたの前にはたくさんの未来があるの。
その未来を選んでいるのは、一瞬一瞬のあなたの思考なの。感情なの。

いま、あなたが幸せだぁ～って思っていれば、次の瞬間も幸せな気分でいられるのよ。
でも、こんな幸せが続くわけないよ、幸せなんていつか終わってしまうのよ・・・
って思えば、その思考のエネルギーが幸せでない未来を創ってしまうってこと。
あなたのいまの感情が、次の瞬間を創るの。
そしてその瞬間の感情が、また次の瞬間を創っていくの。

時間って、勝手に流れていくものじゃないのよ。
過去もそうだけど、未来もそう。
時間ってね、ある意味パラパラ漫画みたいなものなの。一枚の絵がたくさんあって、
それをパラパラすると絵が動いているように見えるでしょ、それと同じ。
瞬間瞬間であなたは自分の絵を描いているの。
その絵が繋がって時間になっていくのよね。
だから、どんな絵を描くかで次の絵も変わってくるってことよね。
未来は、あなたが瞬間瞬間に描いている絵が繋がっていくことなの。
過去もあなたが描いた一枚一枚の絵が、順番に収納されているだけなの。

だから、あなたがいまこの瞬間楽しんでいれば、次の瞬間も楽しくなるってこと。
だから、やりたいことがあったら、
それに楽しくて簡単にできそうな名前をつければいいってこと。
あ、これはできる・・・って思ったらこっちのものよ。

だって、思えばそれが現実になるんだから、あなたができるって思えばできるんだから。
それでね、そうやってあなたが小さいからできると思っている〝夢〟を、どんどん現実にしていけば、大きな〝夢〟だって現実になるって思えるようになるのよね。

大きな〝夢〟だって現実になる

ミナミ：　でも、その大きな〝夢〟がわからない人が多いのよね。

そこよね。小さな〝夢〟をたくさん叶えていけば、どんどんもっと〝夢〟が膨らんでいくの。天ぷらプロジェクトが叶えば、今度は旅行プロジェクトができるかもしれない・・・。
天ぷらじゃなくて今度は、美味しい海の幸が食べたい・・・。
それには海のそばのどこそこに行きたい・・・って思うかもしれない。
そして旅行プロジェクトが叶って、そこの美味しい料理を食べたときに、
私もこんな料理を作ってみたい・・・と思って、
今度はそこで食べた料理を作ってみるぞプロジェクトが出てくるかもしれない。
そして、実際にそこで食べた料理を試行錯誤しながら作ることができたら、
今度はそれを誰かに食べさせてあげたいと思うようになるかもしれない・・・。
で、次に美味しい料理を食べさせてあげられる飲食店をやってみたい・・・
と思いつくかもしれない。

いまのは、ほんの一例に過ぎない。他にもたくさんの道があるわ。
人の数だけ道はできてくるの。
ね、小さな〝夢〟を叶えていけば、それをどんどん膨らましていけば、

自分でも気がつかなかった心の底で願っていた〝夢〟にたどり着くことができるの。
その小さな〝夢〟が、あなたが心の底で願っていた〝夢〟への道しるべなの。
忘れていた〝夢〟への標識なのよ。

でも、ここからなのよね。美味しい料理を作ることまでは叶えることができた・・・
でも、料理屋を開くとなるとそれは別の話よねぇ～・・・って、
だいたいの人は、そこで諦めてしまうの。
小さな〝夢〟を叶えるのも、大きな（と思っている）
〝夢〟を叶えるのも、使うエネルギーは何も変わらないのよ。
できるって思うあなたの気持ちひとつだってこと。

根拠のない自信が一番強い

だから、小さな〝夢〟をたくさん持って、その〝夢〟をたくさん叶えてほしいの。

小さくても〝夢〟が叶う度に、自信がついてくるのね。

その自信がまた次の〝夢〟を叶える原動力（エネルギー）になるってこと。

自信がつけばつくほど、ちょっと大きいかなって思える〝夢〟も、できるって思えるようになるの。やる前から何となくできるって思えるようになるの。


根拠はないけど、でもできる気がするっていう、

根拠のない自信が一番強いのよぉ〜。

だって、根拠なんてもともとないんだから。必要なのはあなたの思考ひとつだけ。
あなたができると思えばできるし、できないと思えばできないの。
わかった？（笑）

できると思ってるからできるの

ミナミ：　って言われてもねぇ〜、
天ぷら食べることも、旅行行くことも、料理をすることも、言ってしまえば自分で何とかなるじゃない。
そのくらいなら、ちょっと頑張ればできると思える。
でもね、お店を持つとなると、そう簡単にはいかないでしょ。

あつし：うん、お金もかかるし、誰かの協力も得なきゃできない・・・。
それって、自分一人が頑張ってもダメでしょ。
運だって、環境だって必要だしねぇ。

そう思ってるから、みんな諦めちゃうって、さっき言ったじゃない。
ちょっと大きいと思っちゃうと、すぐにあなたたちはできない理由ばっかり探すの。
お金がない、家族が許さない、ノウハウがない、協力してくれる人がいない、
あげくの果てには、私は運が悪いからダメだ・・・って、
最初から自分を何とか諦めさせることばかりに思考がいくの。

ずっと言ってるでしょ、やりたいことがあったら、
それをしている人にどうしたらいいか聞いてみればいいって。
やってない人の意見を聞いても仕方がないのよ。
実際やってる人がいるんだから、あなたにできないことはないの。
協力者はね、じっと待ってても出てこないの。
自分で探しにいかなきゃ、会うことはできないの。

あなたの〝夢〟を叶えられるのは、あなただけ。
誰かが代わりに叶えてくれるなんてことはないのよ！

それを忘れないでね。協力してくれる人が欲しいって思えば、
どこに行けばその人と会えるか、わかってくるでしょ。
そして、あなたが、どれほどお店をしたいかって、あなたの思いをその人に伝えれば、

その人もかつては同じ思いを持ったことがあるから、あなたの言葉に共感して協力してくれるようになる。

たとえば、家族が許してくれないって言うけど、どうせ無理よって最初から思って話をしていないかしら？　最初から無理って、絶対反対されるっていう気持ちで話したらそれが現実になるのよ。話してみなければわからないでしょ・・・っていうか、あなたがやりたいんだったら、人の許可はいらないんだけどね。

そうは言っても、あなたたちの社会ではいろんな制限があるから、周りの人たちに納得してもらうことは大切だから、しっかりと話すしかない。しっかり話すというのは、自分がどれだけそれをしたいかってことを、思いのたけを込めて話すってこと。最初からダメって思うんじゃなくて、私はどうしてもやりたいんです・・・という積極的な気持ちで話をすれば、わかってくれるって。お金も、本気で欲しいと思えば何とかなるの。

協力者も、お金も、環境も、自分で創る、引き寄せることができるの。

〝運〟なんてないの。

〝運〟がいい人は、自分は、〝運〟がいいと思っているから、

〝運〟よくことが運ぶの。

いろんなことができてる人は、できると思ってるからできるの。

しつこいけど、もう一回言うわよ。

思考はエネルギー、思考が先、現実はあと・・・わかった？？

〝夢〟に大きい小さいはない

本当はね〝夢〟に大きい小さいはないの。
どんな〝夢〟でも、使うエネルギーは変わらないの。
あなたが勝手に大きい小さいを判断して、これは小さいからできる、
これは大きいから無理って思ってるだけ。

あなたの〝夢〟じゃないとダメ

でもね、ここで間違えないでほしいのは、
私が言ってる〝夢〟は、あなた自身の〝夢〟よ。

あなたの〝夢〟じゃないとダメなのよ。

ミナミ：それってどういうこと？

たとえばね、子どもをアイドルにしたいとか、良い学校に入れたいとか、そんなのは自分の〝夢〟じゃないってこと。

さっきも言ったけど、あなたの〝夢〟を叶えられるのはあなただけ。誰もあなたの〝夢〟を代わって叶えてくれる人はいないの。子どもだってそうよ。子どもにこうなってほしいというのは、自分の〝夢〟を子どもに押し付けているだけ。人の〝夢〟を押し付けられた人は、いい迷惑だわ。自分がアイドルになりたいなら、子どもになってちょうだいという前に、自分でなればいいのよ。

子どもを良い学校に入れて、医者だの弁護士だの公務員だのにしたいって思う前に、自分でやりなさいってことよ。

それがその子のためなのよ・・・なんて言葉は、ものすごくナンセンスね。その子がそれを望んでいるかどうかわからないでしょ？

自分でやらないで人に託すのは、自分の〝夢〟じゃない

ミナミ：　でも、子どももそう望んでるから・・・っていう話をよく聞くけど。
子どもが望んでるなら、それはその人としての〝夢〟だと
思ってもいいんじゃないの？

どんなにその人が望んでいると言ったとしても、自分でやらないで人に託すのは、
自分の〝夢〟じゃないのよ。それは〝夢〟じゃなくて〝期待〟。
〝夢〟と〝期待〟は、大きく違うわ。〝期待〟はエゴね。

自分で〝夢〟に向かって動いてるなら、何が起きても納得できるでしょ。そして、思ったようにいかなかったら軌道修正して、また違うアプローチで進むことができる。それもまた楽しい経過として考えられるわよね。

でもね、人に託した〝期待〟は、自分ではどうにもならないの。その人が、自分の思い通りに動いてくれているときはいいけど、自分の思い通りに動かなくなったときには、もう手も足も出ない。成す術がなくなるの。そのときにあなたは、ものすごくがっかりするでしょ。どんなに考えても自分では何もできないのよ。

たとえば、子どもをアイドルにするっていう話で説明するとね。最初は、子どもも親が喜ぶし、自分も楽しいからいいかなって思ってるとしても、親にまだダメだとか、そんなことでどうするとか、ああしろこうしろってゴチャゴチャ言われてイヤになったり、別に自分がやりたいことが見つかって、アイドルになるのやめるって言われたら、親は何もできないってこと。わかるでしょ？

どんなに叱り付けても、あなたのためなのよって言いくるめようとしても、子どもが動かなければそれでおしまい。人に託すってことは、こういうことなの。

いくら思考は現実化する、思考が先、現実はあと・・・って言ってみても、自分のことじゃないとそれは違うのよ。

誰も自分の思う通りに、都合のいいように動かすことはできないの。

人に〝夢〟を託すってことは、人をコントロールしようとしていること。それは〝夢〟にはなりえない。

〝夢〟は、それぞれの人のもので、他人には関係ないの。

だから、アイドルになりたかったら、自分でアイドルになってちょうだい。

いまさらアイドルなんて無理・・・って思う？　そりゃ、いかにもなアイドルは難しいかもしれないけどね、あなたの中でアイドルの定義を変えれば簡単になれるわ。

アイドルって何？　なぜアイドルになりたいの？　そこを考えてみて。

別に若くなくてもアイドルにはなれるでしょ？

テレビに出たい、舞台で歌を歌いたい、日常では着られないような可愛い（?・）、きれいな（?・）、派手な（?・）衣装を着て人に見られたい・・・

あなたがなりたいアイドルを見つければいいのよ。

派手できれいな衣装を着て、舞台で歌を歌いたいって思うならば、そちらを〝自分で〟目指せばいいことでしょ。

人のまねをするんじゃなく、自分の個性を生かして楽しく表現すれば、人はあなたに注目して、ファンになって一緒に口ずさんでくれるわ。

それってアイドルでしょ。

別にアイドルだけが〝夢〟って言ってるんじゃなくて、これはあくまで一例だからね。

〝夢〟は人に託すものじゃなくて、自分で叶えるもの

人に託す〝夢〟は、ただの〝期待〟であって、〝期待〟は外れることがある。外れた〝期待〟は、あなたにはどうすることもできない。そのまま終わってしまう。そして、もし託した人があなたの望みを叶えたとしても、それはその人の成功？であって、あなたの成功ではない。

またアイドルで話をするけど、どんなにあなたが頑張って、子どもをアイドルにしたとしても、アイドルになったのは子どもで、あなたじゃないってことよね。

あなたは、それまでは夢中で走れたけど、子どもがアイドルになって自分の手から離れてしまったら、それで終わり。自分で達成したときのような満足感は感じられず、

何となく欲求不満が残るのよ。だから、子どもをアイドルにしたいと思っているお母さんが、子どもが売れはじめると自分も表舞台に立ちたくなってくるってことがあるでしょ。

これも、実はそのお母さん自身が、アイドル、女優、歌手などになりたかったけど、自分では無理だと思って子どもに自分の〝夢〟を託した良い例なの。

結局、自分がやりたくなってくるの。

なら、最初から自分でやったほうが早くない？・・・ってことよね。

人の〝夢〟を応援するのはいい・・・誰かのファンになるのもいい・・・。

でも、それが自分の〝夢〟になっちゃダメなの。


〝夢〟は人に託すものじゃなくて、自分で叶えるもの！

それを忘れないでね。

ミナミ：　ありがとう、さくやさん。
〝夢〟は人に託すものじゃなくて、自分で叶えるもの！
なんかモヤモヤしていたものがスッキリしたわ。

あつし：　〝夢〟を叶える・・・現実にするにはどうしたらいいのか、
何か簡単な方法ないのかな？　さくやさんは、人生は甘いって叫んでたけど
人生はそんな甘いものじゃないって思ってる人が多いって感じがするけど。

すっごく簡単な方法はね、好きなこと、楽しいことをしてればいいってこと。
これなら誰でもできるでしょ。
でもね、あなたたちは親から、そしてその親から、代々にわたって、
人生そんなに甘くないんだぞ・・・って言われてきてるから、

最初から〝夢〟を叶える、現実にするには、ものすごい努力と修行が必要だ。

だから、根性のない私には無理・・・って思っちゃうの。


実はね、人生は、とっても甘いのよ〜。


好きなことをしてれば、楽しいことをしてれば、〝夢〟は叶うのよ。これはホントのこと。

だいたいねぇ〝夢〟って好きなことでしょ？

したいことでしょ？　なりたい職業でしょ？

特に好きでもないことを〝夢〟にする人っていないんじゃない？

イヤなことを〝夢〟にする人もいないでしょ？


だったら、最初から好きなことをしてれば、いいわけでしょ？

そこを、何やかんや難しく考えるから、無理〜ってなるの。

こう考えると、すごくシンプルでしょ？

だからね、〝夢〟を叶える、現実にするには
何のメソッドもいらないの。
努力も修行も忍耐も、汗も涙もいらないの。
好きなことを楽しくしているだけ・・・それだけ！

そして、人にはそれぞれのやり方があるのよね。
だから、すべての人に当てはまる〝夢〟の叶え方っていうのはない。
自分で、やり方を見つけるしかないの。
もちろん、実際に〝夢〟を叶えた人のやり方を参考にするのは、とてもいいと思うわ。
でも、それがすべてあなたに当てはまるかどうかはわからない。

なら、いろんな人のやり方を教えてもらって、
その中から自分に合った方法を見つけるのがいいと思うわ。
そのためには、小さな〝夢〟をたくさん現実にしていけばいいのよ。
少しずつ自分に合った方法がわかってくるわ。
オリジナルの方法が見つかるの・・・その方法さえわかれば、あとは簡単でしょ。
どんな〝夢〟も現実にすることができるようになる。

ミナミ：他の人のやり方って、たとえば、〝夢〟を書き出して、
それを壁とかに貼って、毎日声を出して読むとか？

う〜〜ん、まぁ、それもやり方って言えば、やり方なんだけどね。
それが、やりたい人や、そうすることで〝やった感〟を感じるなら、

やってもいいとは思うけどね。

はっきり言って、私はおすすめしないわね。

紙に書いて、毎日確認しなきゃいけないような〝夢〟なら、

やめちゃったほうがいいと思うけど・・・。

だって本当に好きなことは、別に紙に書き出して、壁に貼って毎日見てなくても、いつもそのことを考えてない？　アイドルになりたい子は、常にアイドルになりたいって考えてるでしょ？　好きなアイドルを、いつも見てない？　鏡の前で、アイドルのまねをして踊ってみたり、歌ってみたり、楽しんでない？　自分がアイドルになって、ファンの前でスピーチすることをイメージして遊んでない？　好きなことは、いつも考えてるわけよ。

だから、そんな堅苦しく紙に書かなくても、いいんじゃない？
本当に好きなことなら、そんなメソッドいらないと思うけど。

ミナミ：　え〜〜〜、そんなぁ〜〜・・・。
みんな、毎日自分のやりたいこと？　〝夢〟を確かめる？　再確認？
思い出す？　ことでテンションを保ってるっていうかぁ、
またやる気になるっていうかぁ・・・ねぇ、そうじゃないの？

だったらさぁ、〝夢〟に名前をつけることだって、名前をつけなきゃいけない
ような〝夢〟ならやめちゃったほうがいいってことにならないの？
〝夢〟に名前をつけるっていうのは、自分の〝夢〟を思い出しやすくしたり
確認しやすくなるためでしょ？

あのねぇ、目的が違うのよ、目的が。
〝夢〟を思い出す？　確認するために名前をつけるんじゃないのよ。
〝夢〟に名前をつけるのは、アシュタールも言ってたように、
住所をナビゲーションにインプットするってことが目的なの。
ナビに目的地をインプットしたら、あとは自動的に目的地まで案内してくれるでしょ。
だからあなたは運転を楽しんでいればいいの。
いつもいつも住所を確認していかなくてもいいの。ナビを信じてればいいの。

でもね、紙に書いて毎日見て、読んで、再確認するっていうのは、
毎日、目的地の住所を確認してるってこと。わかる？　不安なのよ。
毎日住所を確認していなきゃ、そこに行きつくことができるかどうか不安で仕方ない・・・
っていうことなのよ。ナビを信じ切れずに、自分で毎日地図を確認して、

そちらに行ってるかどうか調べなおしてるのと同じことなのよね。


思考はエネルギー・・・思考が先、現実はあと。

だから、毎日不安を感じてたら、不安になる現実になる、ってこと。

ということは、〝夢〟が現実化しにくいってことでしょ？


たとえばね、土地に好きな花のタネを植えるとするじゃない。

そしたらどうする？　あとは、土地と、その芽の生命力を信じて待つだけでしょ？

本当に芽が出るのかしら？　って、毎日掘り返してみたりしないでしょ？

それと同じなのよね。

〝夢〟に名前をつけるのは、土地にタネを植えるのと同じ作業だと思って。

で、紙に書いて毎日それを繰り返して読むのは、本当にタネが育っているのか？　って思って掘り返してみるのと同じことなのよ。

信じて楽しみながら待つ。そして、ひらめきがきたらそれを行動に移す。

そしたらきれいな花が咲くのよ。

不安から掘り返してたら、タネはダメになっちゃうわ。


紙に書いて毎日確認するのは、アシュタールが言っていた、地図を頼りに目的地に行くという古いやり方なの。それは力ずくで成し遂げようとする方法だから、努力、修行、根性、忍耐、そして汗と涙が必要になるわけよ。

古いやり方が好きなら、それはそれでいい経験だと思うからいいと思うけど、努力、修行、根性、忍耐、汗と涙がイヤなら、せっかくナビがあるんだから、それを使えばいいんじゃないかと、私は思うんだけどね。

だから私は、私はよ・・・紙に書いて毎日読むという方法はあまりおすすめしないわね。

それにね、書かなきゃ、テンション（モチベーション）が続かない

くらいの〝夢〟だったら、本当にそれがあなたの〝夢〟なのかどうか、もう一度見直してみたほうがいいかも・・・。

たとえば、医者になりたいとか、弁護士になりたいとか、上級職の国家公務員になりたいとか、先生になりたいとか・・・っていろいろあるけど、本当にその職業につきたいという、自分なりの強い意志があるなら、さっきのアイドルになりたいと思っている子と同じで、いつもそれを頭の隅にでも覚えているはずよね。

でも、それを壁に貼りだして、常にそれを見てテンションを保たなきゃいけないのなら、もしかしたらそれは自分の〝夢〟ではなく、人に託された〝夢〟かもしれないってこと。親や周りの期待に応えたい・・・と思って、その〝夢〟を自分の〝夢〟と混同しちゃってるのかもしれないわ。

野球選手が、野球をするのは野球が好きだからでしょ？

もっと野球がうまくなりたい、もっとホームランを打ちたい、って思うから、練習するんでしょ？　それは、やりたいからよね。そこにあるのは、ただ好きっていう気持ちだけでしょ。だから、どんどんうまくなっていくの。

そして、周りから見て、すごく努力しているように見えてたとしても、本人はそれを努力だと思ってない。ただ好きだからやってるだけ、やりたいからやってるだけって思ってる。そして好きだから、うまくいかないことがあっても、マイナスには考えない。このハードルをどうやってクリアするか、そこに視点を持っていけるの。そして、それがまた楽しい遊びだと思えるの。

でも、そこに、打倒○○高校とか、○○○優勝とかっていう目標が入ってくると、それは誰の〝夢〟になるのかってこと。きっと、その選手もそう思ってるかもしれない・・・。でも、野球をしている意味が違ってくるわよね。
そこに目標を置いてしまうと、それが野球をしている価値になってしまうと、どうかしら？

楽しくなくなるわ、勝つことだけにフォーカスしたら、プレーを楽しむことができなくなってしまう、勝つためには、という思考だけに偏ってしまうから。

努力、修行、根性、忍耐、汗と涙の世界になるわけよ。

そうなると、うまくもならないし、勝つこともできなくなる。

一時は、強くなった気がするかもしれないし、勝つこともできるかもしれない。

でも、その後が続かないのよね。


一流といわれる選手たちは、楽しんでるの。

楽しんでるから、うまくもなるし、強くもなるし、長くも続けられるの。

野球のプレーが好きで、野球を楽しんでるから、一流の選手になれたの。

一流の選手になることが〝夢〟じゃなかったの。


プロ野球のイチロー選手は、勝つことよりも自分の美学を追求してるの。

どう美しく打つか・・・そこにフォーカスしている。

だから、毎日毎日欠かさず素振りができるの。努力じゃなく楽しい遊びとしてね。だから強いの。長く一流と言われる選手でいられるの。思考が反対なのよね。


スポーツ選手だけじゃなく、どんな職業も同じ。

自分の〝夢〟でなけりゃ、叶えることは難しいの。


たとえば、医者になるのが〝夢〟だとするでしょ？

医者になった後を考えられるのが、自分の〝夢〟。もし医者になることが〝夢〟で、医者になった後、どんな医者になりたいか・・・それがリアルに楽しんでイメージできないなら、それは自分の〝夢〟なのか？　周りの期待なのか？

もう一度見直してみてもいいかもね。


努力、修行、根性、忍耐、汗と涙は、もう古いやり方だってこと。

紙に書いて、それを壁に貼って、毎日繰り返し声に出して読み上げなくても、本当に好きなことなら、叶えたい〝夢〟なら叶う。
自分の〝夢〟と他の人から期待されていることを混同してしまっている人が多いのよね。

自分の〝夢〟なら必ず叶う、
現実になるのよ〜、人生は甘いのよ〜。

ミナミ：でも、そんなこと言っても自分の〝夢〟でも叶わない人はいるんじゃない？
たとえば、社会的に成功したいとか、宝くじで一億円当てたいとか、
それって誰かの期待じゃないし、自分の〝夢〟ってことになるんじゃない・・・
でも、叶わない人のほうが多いでしょ？

う〜〜ん、宝くじで一億円当てたいねぇ〜、社会的に成功したいねぇ〜・・・
それは〝夢〟じゃないわよ。

だから、最初から言ってるけど、〝夢〟って、こうなりたい、こんなことがしたい、こんな職業につきたい、ってことでしょ？

自分がやりたいこと・・・それが〝夢〟なのよね。

好きなこと、楽しいこと・・・それをしたいって思うことが〝夢〟。わかる？


一億円当てて、そのお金をどうしたいのか？

それがしっかりと決まってないなら、それは〝夢〟にはならない。

一億円当ててどうしたいの？　それは切実なものなの？

社会的に成功するって、たとえば会社の社長になりたいとか？

社長になってどうしたいの？　何がしたいの？

それがしっかりと自分の中で決まってないと、そりゃ叶わないわよ。

だから、紙に〝宝くじで一億円当たる〟って書いて貼っておいても一億円は当たらない（笑）。

紙に〝成功するぞ〜、社長になって金持ちになるぞ〜〟って、百万回書いても、成功はできないし、お金持ちにもなれない。


それは、はっきり言って、それを紙に書いてる人には必要のないことだから。

必要のある一億円なら、一億円が当たるという書き方しててもダメなのよ。

特にこれがしたいと思うものがなくて　ただ一億円欲しいって思っても何も動かない。

何のためにいる一億円なのか、はっきりしてないと思考のエネルギーも動きようがない。

これは余談になっちゃうけど、ただ一億円欲しいって思うのは、お金があると安心できるからっていうことよね。それは、自分がお金を持ってなくて不安だって言ってるのと同じよね。自分はお金がないって、それこそ毎日自分に言い聞かせてるのと同じことをしているのよ。お金がないということを毎日刷り込んでいけばどうなるかわかるわね。紙に、私はお金がないって書いて壁に貼って毎日見てるのと同じことになるの。

思考はエネルギーで、思考したことが現実になるんだから、お金がないことが現実になるってこと。だから、ずっとお金がない状態が続くの。

そうなると、一億円どころか少額のお金も入ってこなくなるわ。

まるっきり反対のことをしているってことになっちゃうわよ。

欲しいって思ってるけど、でも何のために欲しいのかがはっきりしなければ、イメージすることができないでしょ。イメージすることができなければ、思考のエネルギーをどこに流せばいいかわからないから、何も動かないってこと。

ただ単に一億円っていうより、一億円の現金を目の前に積んで写真を撮りたい・・・っていうのならば、まだそのほうが現実化しやすいわね（笑）。

それが本当に必要で、切実な〝夢〟ならね。

まずしなければいけないのは、何がしたいのかをはっきりさせること

だから、〝夢〟の名前が大切になってくるの。

〝夢〟の名前は、企業のキャッチフレーズのようなものだって、アシュタールも言ってたでしょ。企業のキャッチフレーズは、内容がしっかりとわかるものじゃないと誰も見てくれないわ。何言いたいんだかよくわからないキャッチフレーズでは、誰も見てくれない。

誰もそれに賛同してくれない。だから、みんな一生懸命キャッチフレーズを考えるの。

子どもの名前をつけるとき、あなたたちどうしてる？　何を考えてつけてる？　この子にどういう人になってほしい、とか、どういう人生を歩んでほしい、とか考えてるでしょ？　適当にはつけないわよね。

〝夢〟の名前も一緒。

何がしたいのか？　どうしてそれが欲しいのか？　それが手に入れば何が得なのか？・・・それがはっきりしないと、何も動かないの。

ただ単に「宝くじで一億円当てたい」というのは、〝夢〟の名前じゃない。キャッチフレーズじゃないの。「これこれこうしたいから、そのために宝くじで一億円当てる」っていうなら、まだわかる。

でもね、これはちょっと余談になるけどね、それだけしっかりとした〝夢〟があるなら、何も宝くじで当てなくても、お金は入ってくるわ。

宝くじみたいに不確かなものに頼らなくても、お金はつくることはできるの。

そして、ホントに〝夢〟を叶えたいと思ってる人は、最初から宝くじなんてあてにせず、お金をつくってるってことよ（笑）。


お金のことだけじゃなくて、幸せになりたい、恋愛がしたい、有名になりたい、成功したい・・・・っていうのも同じこと。

イメージがはっきりしないものは、現実化しないの。


恋愛がしたい、パートナーが欲しいって思ってても、私の〝夢〟は結婚することですって紙に書いたとしても、具体的なイメージがなければ何も動かないの。

結婚がしたい、という〝夢〟は、どうなの？　誰でもいいの？

結婚さえできればいいの？　誰でもよくて、ただ結婚できればいいのならば、その名前？

キャッチフレーズでもいいと思う。でも、それが〝夢〟？　結婚する事実だけが〝夢〟？

そうじゃないでしょ？

そこのところがはっきりしなければ現実にはならない。

そこのキャッチフレーズは、「こういう人」と、「こういう生活ができる」結婚がしたい・・・となるわけよね。その「こういう人」がわからなければ、出会うこともできないよね。

「こういう人」は、どこに行けばいいかわからないから見つけようがない。


〝夢〟は、何もしなくても向こうから落ちてくるものじゃないでしょ？

自分で探しにいって、自分で見つけて、自分で叶えるものなの。

だから、「こういう人」が決まらなければ、叶いようがないってこと。
同じジャンルの音楽の好きな人と、その音楽を聞きながらゆったりした結婚生活がしたい・・・っていう〝夢〟の名前（キャッチフレーズ）が決まれば、
もうその〝夢〟は叶ったのと同じよね。
あなたの好きな音楽を演奏してるところ、もしくはその音楽のサークルなどに行けばいい。

そこには、同じ音楽が好きな人がたくさんいるわ。

その中で、あなたと気が合う人を探してお付き合いすればいいの。

そして、その人とならと思ってるような音楽にあふれた結婚生活ができると思えば、結婚すればいい・・・ね、簡単でしょ（笑）。


幸せになりたい・・・というのもそう。どんなことを幸せだと思うのか？

あなたの求めている幸せの定義に名前をつければいい、キャッチフレーズを考えればいいの。そうすれば具体的になるから、それを手に入れることができるってわけ。

目的地がわからなければ、どこにも行けないってこと

どこかに行きたい・・・じゃ、どこにも行けないの。

何のために、行きたいのか？　それがわからないと、目的地も決められない。

きれいな景色が見たいなら、どんな景色？　海？　山？　寒いところ？　暖かいところ？

自然の景色？　何か人工的に作られた景色？

そうやって考えていくと、自分が何がしたくて、どこに行きたいのかがわかってくるわ。

目的地がどんどん絞られてくる。

目的地がわかって、そこで何がしたいのかがわかると、そこに行く手段も考えられるようになるでしょ。電車で行くのか？　飛行機で行くのか？　車で行くのか？

一人で行くのか？　誰かと行くのか？　そして、費用はどのくらいかかるのか？

だいたいの費用がわかれば、それをどうするのか？　どんどん具体的になっていく。

どんどん現実になっていくの。こうして〝夢〟は、叶うことになる。

そして、その過程は楽しいはずよ。

どうやってこれを現実化しようかってワクワクしながら考えられるでしょ。

そこでは、考えなくちゃいけない、計画を立てなければいけない、なんて思わない。

楽しく想像して遊んでたら、できちゃった・・・みたいな感じよね。

だから、〝夢〟を叶えるのに、
努力も修行も根性も忍耐も、汗も涙もいらないってこと。

好きなこと、楽しいことをしていたら、気がついたら〝夢〟は現実になってるの。

どんどん大いなる変態になればいい

好きなことって一日中考えてるでしょ？
考えようと思って考えてるんじゃなくて、気がついたら考えてるって感じ。
ヒマさえあれば、あれどうしたらいいかな？　こうやってみたらうまくいくかな？
とか、常に〝夢〟を叶えるための攻略法を探してるみたいな（笑）。

あつし：　それって、傍から見てると、もうほとんど変態の域って感じだよね（笑）。

（笑）　そうそう・・・大いなる変態！　いいのよ、それで・・・それが〝夢〟を叶える道なんだから・・・。

どんどん大いなる変態になればいいの。

でもね、これが言葉で伝えるには難しいところなんだけどね、執着はしないでね。
大いなる変態はＯＫ、でも執着はＮＧ。わかる？

絶対何が何でも〝夢〟を叶えてみせるぞ〜・・・っていうのが執着。
これって力技でしょ？　力技じゃ〝夢〟を叶えるのは難しいのよね。
だって、楽しくないから・・・前も言ったと思うけど、楽しくないと現実化しないのよ。

大いなる変態は、〝夢〟を叶えるぞ〜っていう力みはないわ。
楽しくて、楽しくて、考えずにはいられない・・・って状態でしょ？
だから、〝夢〟が叶い、現実になるの。う〜ん、こう言えばわかるかな？

執着心が見ているのは、結果。

大いなる変態が見ているのは、経過。

結果ばっかりにフォーカスしてると、それが叶わなかったとき、どうしようという不安が出てくる。その不安も思考だから、不安の思考の方が強くなると、叶わなかった現実を創ってしまうってこと。

大いなる変態のように、経過を楽しんでいると結果にフォーカスしないのよね。
それを考えてるときそのものが楽しいわけだから幸せな状態でしょ？

幸せな状態の思考は、また幸せな状態を創るから、ずっと幸せが続く。その延長線に〝夢〟があって、気がついたらそれが叶っていた・・・ってことになる。同じように見えて、まるで反対のアプローチだってことなの。

だから〝夢〟に執着しないように気をつけてね。

でも、大いなる変態も時期がきたら、その〝夢〟のことを考えるのに飽きちゃうことがある。そのときは、飽きていいの。考えたくなければ考えなくていい。
飽きるって、どういうことかというとね、
それがもう頭の中で完成したっていうサインなの。

頭の中でしっかり細部までできあがれば、もうできたのも同然よね。
あとは、ひらめきに従って行動していけばいいだけ。
もうイメージしたり、考えたりすることに飽きた、もういいかな？　って思っているのに、それでも考えなきゃ〝夢〟は叶わなくなるって思って無理やりイメージし続けると、それは今度は執着になってしまう。

イメージをすることが楽しければ、どんどんイメージすればいいし、もういいかな？　飽きたかな？　って思ったらしなければいいの。そこまでしっかりとイメージができ上がったら、必ず現実になるんだから。

飽きる・・・って感じることは、悪いことではないのよ。あなたが飽き性で思い続けることもできないダメな人って思う必要は、これっぽっちもないの。

飽きるまでイメージし続けることができたあなたはすごいのよ。

そこまでしっかりと自分の〝夢〟を叶えるイメージができるってすごいのよ。
だから、大いなる変態になって思いっきり気が済むまで、考え続けてちょうだいね。

どうすれば軽々と行動することができるようになるの

ミナミ：　成功するためには、まずは行動しなければいけません・・・って、
どんな本でも言ってるじゃない？　私もそりゃそうだと思うわけよね、
アシュタールやさくやさんもそう言ってるし。行動しなきゃ何も起きないのは
わかってる。みんなわかってるのよね。
でも、なかなか行動できないのよねぇ、やる気にならないのよねぇ、
っていう声が多いの。どうすれば、軽々と行動することができるようになるの
かなぁ？　なんか、簡単なおまじないみたいなのないの？？

なんだかねぇ、〝夢〟叶える方法・・・みたいな本の中で言うのもなんなんだけどね。

〝夢〟を持たなくちゃ・・・って無理に思う必要はないのよ。

あなたたちの社会は、進まなきゃいけない、成長しなきゃいけない、ボ～～ッとしてちゃいけない、っていつも何かに急かされたり、追い立てられているじゃない？

だから、〝夢〟も持たなきゃいけない、持ってない人はダメな人？　人生諦めた人？

みたいに思われちゃうっていう強迫観念みたいなものがあるようね。

何もしないことに罪悪感を感じてる。


人生成功しなきゃ、成功を目指して頑張らなきゃって、上を見ないとダメ？　成功しなきゃダメなの？　いつも上を目指して、〝夢〟を叶えて、どんどんどんどこまでも進まなきゃいけないの？　それが好きな人はいいわ。でも、のんびりしたい人がいてもいいと思うのよ、私。

みんなが〝夢〟を持っているから、自分も持たなくちゃって思って、無理して〝夢〟を探して、それに向かっていく必要はないってこと。そんな〝夢〟は、しんどいだけ。ぜんぜん楽しくない。やりたくないことはしなくていいの。

よくね、ダイエットしなきゃって、あなたたち言ってるでしょ？　そして、ダイエットしなきゃっていろいろするんだけど、ちっとも痩せないのよねぇって愚痴ってない？（笑）それって、あなたの意志が弱くてダイエットできないんじゃないのよ。それって、あなた自身が必要ないって思ってるから、できないだけなの。みんながダイエット、ダイエットって言ってるから、ダイエットしなきゃいけないのかな？　痩せたほうがいいのかな？くらいの勢いでダイエットしようとするから、なかなか痩せないのよ。人がしてるから、やらなくっちゃ・・・そのくらいの意識でしても現実にはならないわ。ホントに何か目的があって、自分の意志でしっかりとダイエットするって決めれば、必ずあなたの目標の体重にはなるのよ。やる気が出ない、結果が出ないのは、あなた自身が本当にダイエットが必要だと感じていないから。

〝夢〟もそれと同じように考えてる人が多いんじゃない？
何かを目指さなきゃ、成功しなきゃ、とにかく進まなきゃ・・・って。
いいじゃない、やりたいことがなくても。無理に探さなくても、やりたいことが出てくるときは出てくるんだから。

頭で無理に探して、無理にそれを叶えようとしても、
本当のあなたの心が、そんなにそれを望んでなければ、
そりゃ動けないわよ。動く気にはならないわよ。

ダイエットと一緒よ。理由もなくダイエットしなきゃと思っても、
ダイエットなんてできるわけないわよ。
だったら、どこかのジムにでも入って強制的にダイエットさせてもらう？

誰かに強制されなきゃできないことなら、最初からやめたほうがいいわ。

だって、当の本人が本気じゃないんだから、いくら誰かに強制されても動けるわけない。

ジムに入って、なんだか形は、やってる感があるかもしれないけど、結局、結果は出ないってことにならない？　同じジムに通って、同じメニューをこなしていても、痩せる人がいれば痩せない人もいる。その違いは、本人が心からそれを望んでいるかいないか・・・それだけの違い。


だから成功したいと思って、たくさん資料を買い込んで、たくさん情報を持っていたとしても、結局それだけで満足しちゃって動くことができない・・・っていうのは、心がそれを望んでいないからってことなの。

本当に心から痩せたいって思えば、ジムに行かなくても簡単に痩せることができるのよね。痩せるために、階段を使おうとか、無駄に食べるのをやめようとか、って考えられるようになる。それも我慢じゃなくて、痩せることが楽しくて積極的に階段を使うようになるの。だから、無理なく簡単にダイエットができるってこと。頭だけでダイエットしなくちゃって思っていると、階段を上るのがめんどくさいとか、食事に気をつけようとか思えないわけよね。それは、ただの我慢になるから辛くて仕方がない。だから、やれない、動けない・・・ってことになるの。


同じように成功したいと心から思えば、いくらでも自分から動くことができる。だから、行動できないって思ってる人は、自分が本当に成功したいと思っているのかどうか、もう一度考えてみたほうがいいかもね。

お金持ちになりたいって思っても、本当に心からお金持ちになりたいと思っているのか？

そしてお金持ちになって何がしたいのか？　はっきりと目的があるのか？

もう一度考えてみて。

みんなが大学へ行くから、特にしたい勉強もないけどとりあえず大学を受ける。そのために勉強しなきゃいけない・・・これでは、勉強が楽しいはずないわよね。勉強したくなるわけないわよね。だから成績は上がらないだけ。能力がないんじゃない。目的がないだけ。心から本当にやりたいって思えたら、誰に何も言われなくても軽々と行動してるから。そして、楽しんで行動するから〝夢〟は叶うのよ。

動けない、どう動いていいかわからない・・・っていうときは、それはいまのあなたにとって必要ないことだって思ってればいいんじゃない？必要のないことを追い求めても仕方ないんだから。

動けない、行動できない・・・っていうのは、あなたがダメダメちゃんなわけじゃないし、能力がないわけではないの。

ただ、いまは必要ない・・・それだけのこと。

行動できない自分はダメな人間だ〜、な〜〜ンて落ち込む必要はないのよ。
自分のイメージを低くする必要はないの。

だいたいねぇ、あなたたちの社会は必要のないことを追い求めすぎるのよ。
みんなが成功を目指してるから、お金持ちになることを望んでいるから、
自分もそう思わなきゃいけない・・・みたいな感じで無駄なことをしてるのよ。
無駄なエネルギーを使いすぎてるの。

車で言えば、ずっと常にエンジンを空ぶかししてるようなものよね。
気持ちばかりが焦って、エネルギーばかり使って、へとへとになっちゃってる。
そんな状態だから、自分の本当に心からやりたい〝夢〟なんて見つからない。
だから、みんなと同じようなことを目指しはじめるの。

それで、エネルギー不足になってへとへとになる悪循環にはまるのよね。

だからいいじゃない、人が成功したいって思っても、
自分が思わないんだったら、無理して進む必要はない。
ゆっくりしたいと思うことも〝夢〟になるんだからね。

〝夢〟は、自分で創るのよ。
どこかに売ってるものじゃないし、誰かに押し付けられるものでもない。
どんなものでもあなたがしたいと思ったことは〝夢〟になる。

ゆっくりしたいと思う〝夢〟なら、すぐにでも動けるでしょ（笑）。
どうやったらゆっくりできるか？　楽しんで考えられるでしょ。

行動できないのは、
それは心からあなたが望んでいないことだから・・・。
それだけ！

嫉妬できるって素晴らしいことなのよ

ミナミ：　なんかぁ、胸のあたりがムカムカするのよねぇ。

どうした？　だからぁ、落ちてる物、食べちゃダメだって言ってるでしょ？

ミナミ：　違うわ、そんなんじゃないんだってば。
　　　　ちょっと知り合いの話を聞いてから、

どうも、こう胸のあたりがザワザワするっていうか・・・。

知り合いがどうしたの？

ミナミ：昔からね、弁護士になりたいって言ってた子がいたの。でも、早々に結婚して子ども育てて、時間もお金も自由にならない日々で、そんな夢忘れちゃったわ・・・って話をしてたんだけどね、十何年かぶりにその子と連絡とったら、マジで弁護士になってたのよ。子どもがある程度育って、手がかからなくなった頃から少しずつ勉強はじめたんだって。それで、子どもが大学を受験するのと同じ時期に、一緒に司法試験を受けたらしい。子どもたちと一緒に試験勉強してたんだって。すごい・・・って思って、本当に心の底から「よかったねぇ、昔からの夢が叶って」って言えたんだけどね、でも、それからしばらくして、その子のことを思い出すと、なんか胸のあたりがモヤモヤして、苦しいのよねぇ・・・。

それって・・・。

ミナミ：　それ以上言わないで、情けなくなるから。

どうして情けないの？

ミナミ：　だって、この感情って・・・嫉妬でしょ？
イヤじゃない、友だちにそんな感情を持つなんて、自分の小ささがイヤ。
カッコワルイわよ。

よかったじゃない。嫉妬できるって素晴らしいことなのよ。

ミナミ：　んなわけないじゃない。友だちの成功に嫉妬するなんて、
　　　　小さすぎる自分が恥ずかしいわよ。

違う、違う、嫉妬できるっていうのはね、あなたが〝夢〟を忘れていないっていう証拠なのよ。嫉妬することは、全然悪いことじゃないの。

自分も〝夢〟を叶えたい・・・っていう強い思いがあるから、嫉妬できるのよ。

そんな思いがなければ、嫉妬なんてしないんだから。

ふ～ん、よかったね～・・・で終わるだけよ。

その嫉妬の思いが、大きな燃料になるの・・・

自分の〝夢〟を叶えさせてくれる燃料になるのよ。

私だって、そうなりたい、〝夢〟を実現したい、っていう気持ちの裏返しなんだから、

どんどん、その燃料をもらえばいいんじゃない？

それを燃料に〝夢〟に向かってどんどん突き進んでいけばいいのよ。

嫉妬するっていうのは、恥ずかしいことじゃなくて、反対に喜ぶべきことなんだから。

嫉妬のエネルギーの方向さえ間違わなければ、あなたにとって素晴らしい感情になるのよ。

ミナミ：　嫉妬のエネルギーの方向を間違わなければ・・・ってどういう意味？

嫉妬のエネルギーを、相手にぶつけちゃダメよね・・・わかるでしょ？

たとえば、その人の失敗を望むとかね、弁護士続けられなくなったらいいのに、とか思ったりね。それは、全くナンセンスなことだから。それが、嫉妬の方向を間違うってこと。

それじゃ、全くあなたの〝夢〟を叶える燃料にはならないってことよね。

私だって、あなたに負けないくらい自分の〝夢〟を叶えてみせる・・・っていうのが
嫉妬のエネルギーを上手に使うやり方。違うのわかるでしょ？

人を呪わば穴二つ・・・って言葉知ってるでしょ？

人の失敗を望めば、自分も失敗するってこと。

思考はエネルギーだって、ずっと言ってるでしょ。考えたことが、実際に現実になるの。

じゃあ、その人の失敗を望めば、その人が失敗するんだからいいじゃない、私には関係ないし・・・って思ってる？

そんな簡単にはいかないのよねぇ、エネルギーって。

エネルギーって、自分で何も判断しないのよ。

たとえば、電気もエネルギーよね、電気のエネルギーは、誰かがこの方向へ流そうと思えばそちらに流れる・・・でしょ？　電気が、いやそちらは流れてはいけない方向だから流れません・・・な～～ンて判断しないわよね。


思考のエネルギーも一緒なのよ。意味わかる？

思考のエネルギーも、何も判断しないの。

だから、失敗というキーワードに反応して、失敗という方向へただ流れるだけなの。

そこに友だちだけという判断はできなくて、とにかくみんな失敗するという方向へ流れる。

っていうことは、人を呪わば穴二つの言葉通り・・・

人の失敗を望めば、自分も失敗するってことになるわけ。

ちょっと余談になるけどね、

タイガー・ウッズっていう有名なプロゴルファー知ってるでしょ。

その人は、対戦相手がパットを打つとき、必ず「入れ！」って願うの。

そして、入ったときは、自分がパットを決めたときのように本気で喜ぶの。

そうしたら、自分のときも入るって知ってるの。経験で、それを理解したのね。

「入るな」って思うと、自分も入らない・・・。

でも、相手のパット「入れ！」って思うと自分も入る。それが経験からわかった。

だから、その方法を使うことにしたそうよ。

そうして、彼は世界の頂点に立つことができたの。

一流選手って、そういうエネルギーの使い方も一流なのよね。
みんな、エネルギーのことをよく知らないから、反対のことをしてる。
で、どうしてうまくいかないのかしら?・・・って思ってるの。
エネルギーの性質がわかれば簡単に使えるのよ。

だから、あなたも友だちの成功を喜び、
そして、その嫉妬のエネルギーを燃料にして
どんどん自分の〝夢〟を叶えていけばいいのよ。

挫折なんて言葉はない

ミナミ：　挫折なんて言葉はないの？

挫折？　ないない・・・

ミナミ：　だって、夢が叶わなくて諦めざるを得ないことってあるじゃない？
それって、挫折じゃないの？

たとえばあなたたちは、どんなことで〝夢〟を諦めるの？

ミナミ：　たとえば、役者やりたい、役者で経済的にも生きていけるようになりたい・・・
ってい う〝夢〟を持っていても、結局結婚したり、子どもができたりして
経済的に続けていけなくなったから、役者をやめた・・・
っていう話は、よく聞くのよね。
それって、〝夢〟を叶えられなかったってことでしょ？
挫折したってことでしょ？

どうして？　どうしてそれが挫折になるの？
それって、〝夢〟が変わっただけじゃないの？

ミナミ：　夢が変わった？？

そう、そりゃ最初は役者で生きていきたいっていう〝夢〟があったと思うわ。

でも、今度は結婚して子どもを育てるのが〝夢〟になった。そうじゃないの？
結婚して子どもを育てるためには、経済力が必要だから、いま経済的には
役者では無理だから、子どもを育てる〝夢〟を優先した、ってことでしょ？
子どもを育てたかったから、役者ではない仕事を選んだってことよね。
それも、自分で決めたことでしょ？
挫折なんていうと、なんだか子どものために自分を犠牲にした・・・みたいなニュアンス
になるわ。そんなのおかしいでしょ？
自分の〝夢〟を犠牲にして子どもを育てる・・・なんて考えなら、
子どもを育てることはやめたほうがいいわね。そんなの子どもに対して失礼な話よ。そう
でしょ？　自分で子どもを育てるほうの〝夢〟を優先したって思えれば、挫折なんてこと
は思わない。そして、そういう考え方だと、子どもを育てる〝夢〟が叶った後に、
また役者の〝夢〟を優先させることだってできるし、考え方の違いよね。

〝夢〟を諦めたんじゃなくて、いまの一番の〝夢〟が変わったって

考えれば、挫折なんてことはないでしょ？

これはね、ちょっと余談になるけどね、役者をやめなければ経済的にやっていけない・・・って思ってるから、そういう現実になるだけなのよ。

どちらかを選ばなきゃいけないという思考があったから、そうなっただけ。

どちらもできると本気で信じられれば、それもできるの。

だって、どちらもやってる人いるでしょ。


結婚したときは、あまり売れてなくて経済的に苦しかったけど、結婚して子どもができたら、仕事が入るようになって役者をしながら、子どもを育てられるようになったっていう人、たくさんいるわよね。それは、考え方が違ったからなの。

どちらか選ばなきゃいけない・・・と思ったか、どちらもできる・・・と思ったか。

その人たちの差は、それだけのことなの。

どちらもできた人は、運がいいんじゃなくて、できると信じたからできたの。
思考が先、現実はあと・・・っていうのは、こういうことなのよ。

ミナミ：　役者の話はわかったけど、でもどんなに頑張っても叶えられない〝夢〟ってあると思う、たとえば、受験生？
どうしてもこの学校に入りたいって思っても、入れないってこともあるでしょ？　それは、挫折じゃないの？

その受験生は、何がしたくてそこの学校がいいの？　そこ、はっきりしてるのかな？
そしてその学校に入りたいって思っているのは、本当にその本人の〝夢〟なのかなぁ？

ミナミ：　それはわからないけど・・・。

大学に入りたい・・・って〝夢〟を持っているなら、どこでもいいでしょ？
有名な大学に入りたい・・・っていう〝夢〟も同じようなものよね。
一億円欲しいって思っているのと同じこと。
何がしたくて一億円が欲しいのか決まってなければ、
一億円は手に入らないって話をしたと思うけど、それと同じこと。
有名な大学に入れれば、将来安心っていう考え方なら、目標がはっきりしない分
現実になりにくい。だから、受験もうまくいかない。それは、挫折じゃない。
だって、最初から〝夢〟がはっきりしてないんだから、挫折しようがないでしょ。

ミナミ：　そういえば、この大学に入りたいって言って、いろいろな学部を受験している人たちもいるよね。確かに、この勉強をしたいという目的があって
その大学を目指してるのかどうかって感じはするよね。

そしてね、〝夢〟ってひとつじゃなくてもいいの。

はじめに見た？　望んだ？　〝夢〟は、絶対に何があっても、
最後まで、それが叶うまで
望み続けなきゃいけないってことはないの。

それは、諦めるとかじゃなくて、興味の問題。
最初は、やりたいと思ったとしても、途中で興味がなくなることもある・・・でしょ？

興味がなくなったら、やめればいいの。
固執する必要はないわ。

それにね、最初やりたいって思ってた〝夢〟に向かってる途中で、違うことがしたくなることもある。そのときは、それをすればいいの。そして、また興味が出てきたら、もとに戻ってもいい。もっと自由に考えていいのよ。

あなたたちの社会では、一度はじめたら最後までやり通すことが、素晴らしいことだと教えられているみたいだけど、そんなのナンセンスよね。

だって、人は変わるのよ。興味だって変わっていくわ。

はじめたら何か自分が思っていたのとは違ってた、って思うことだって、たくさんあるでしょ？　違うと思えば、やめればいいのよ。違うと思いながら、でも最後までやらなきゃいけない、なんて思ってもそんなの無理ね。だって、楽しくないから。楽しくなきゃ本気になれないでしょ。本気になれない〝夢〟なんて、絶対に叶わない。だって、本人がもうやる気ないんだから、叶うわけないじゃない。

長く続けるだけがいいことじゃないの。長く続けられる人が素晴らし

い人じゃないの。長く続けられる人は、楽しいから続けられるの。
楽しく続けるから〝夢〟が叶うの。
〝夢〟を叶えるのに、努力も、忍耐も、根性も、修行も、汗も、
涙もいらないの。楽しければいいの。楽しく思える〝夢〟は叶うの。

そして、さっきも言ったけど、〝夢〟はいくつあってもいい。ひとつに絞る必要はない。

たくさんあったら、優先順位をつければいいだけ。

いまはこの〝夢〟、次はこの〝夢〟ってね。

それも、別にこの〝夢〟が叶ったから、次の〝夢〟って考えなくてもいい。

同時に、いくつもの〝夢〟を追いかけてもいいのよ。

子どもを育てるっていう〝夢〟を叶えている途中でも、

役者という〝夢〟を叶えることもできるでしょ。

最初は、子どもを育てる〝夢〟の割合の方が大きいかもしれないけど、100%じゃない。

子どもを育てる〝夢〟が八十%なら、二十%で役者の〝夢〟を叶えていけばいい。

二十%じゃあ、舞台に立てない？　役者って舞台に立つだけじゃないでしょ？

舞台に立ってなくても、役者として楽しむ方法はいくらでもあるわ。

人の舞台を観ることだって役者としては楽しいし、いろんな情報を得ることができる。

常に自分は役者だ・・・って思っていれば、役者の目で見ることになるから、すべて役者として役に立つ情報が入ってくる。舞台に立つ前だって、たくさん稽古するでしょ？

日常も稽古時間だと思っていれば、役者の〝夢〟を叶える途中だって思えるわ。

そうして役者を楽しんでいれば、今度は割合が五十%になることもある。


いくつもの〝夢〟を同時に進めていくことはできるの。

〝夢〟の優先順位、割合、比重をバランスよくとっていけば、

いくつも〝夢〟を叶えることができるってこと。〝夢〟っていうことを、もっと自由に簡単に考えていけば？

なんだか、〝夢〟という言葉に対して、すごく身構えてしまって、人生をかける大きなことだけを〝夢〟だと思いすぎている気がするわ。

そんな風に大きな〝夢〟ばかり考えてしまうから、〝夢〟を見る前にすくんでしまうの。怖くて一歩が踏み出せなくなるの。

こうしたいなぁ〜、こうなりたいなぁ〜・・・この程度で〝夢〟って思っていいのよ。

たくさん〝夢〟を持って、たくさん〝夢〟を叶えていけば、気がついたら大きい〝夢〟も簡単に叶えることができるんだから。

だから話はもとに戻るけど、挫折なんて言葉はない・・・ってことね。

夢急の章

あつし：　夢に名前をつけると実現しやすくなるのは、よくわかりました。

ここで、**名前をつけることが、**
どれほどパワフルなものであるか
アシュタール、何か具体的な例で教えてもらえますか。

名前をつけることが、どれほどパワフルなものであるかがわかる例が〝病名〟です。

身体の不調に病名をつけることで、
それは本当に病気といわれるものになってしまうのです。

身体の不調は、不調なのですが、名前をつけなければ〝病気〟にはならないのです。

あつし‥　え？　よくわからないんですけど・・・。

意味がわからない・・・ですか？

身体には自己治癒力があります。自己免疫力もあります。
身体は、自分で自分の治し方を知っていますし、実際に治す力も備わっているんです。
これはわかりますね。
だから少々の不調は、身体を休めていれば自然に治っていくのです。

でも、そこで病院に行って〝病名〟をつけられてしまうと、
本当にその〝病気〟になってしまうのです。
〝病気〟という漢字は、病は気から・・・という真実を表しています。
気持ちが病むから、病気になります。

何が言いたいかというと、最初からずっとお伝えしていることです。

思考は現実になる・・・思考が先、現実はあと・・・ということです。

たとえば、あなたたちがとても怖がっている、ガンという病気ですが・・・ガン細胞というのは、あなたの身体の中ではいつもできているのです。ガン細胞ができて、それを自分の治癒力で治して・・・ということをあなたが気がつかないうちに繰り返しているんです。

だから、ガンというのは、そんなに恐ろしいものではないのです。

自分の自己治癒力を高めておけば、それが増殖して大変なことになるなんてことにはならないのです。

でも、定期検査に行きなさい・・・と言われ、定期検査を受けるとします。

そこで、まだ本当に小さなガンが見つかるとします。

腫瘍とも言えないくらいの小さな腫瘍が見つかって、それにガンという名前がついたときから、あなたはガン患者になるのです。放っておけば、そのまま消えていったガンが、そこで大きな存在として、あなたに認識されるのです。

そうするとどうなるでしょうか?

そこに、目的地ができるということになります。ガン患者という名前がつくと、住所がつくのと同じことが起きるのです。

たとえば胃ガンと言われると、お医者さんやネットの情報で、胃ガンの症状や進行状態、などいろんな情報が目につきます。胃ガンになると最初は何も感じないけど、そのうち胃がもたれた感じがしたり、ゲップが出るようになる。それが進むと食欲不振になって食べられなくなってきて体重が減っていく。さらに進行していくと嘔吐や黒色便が出るようになって・・・云々かんぬん・・とても親切に詳細に教えてもらうことができます。

そうなると、あなたは常に自分の身体の症状が気になるのです。

あ、胸やけがする・・・進行してきたんじゃないか?・・・今度ゲップが出るようになったら、もっと進行してきたことになるんだ・・・などと、いつも気にしはじめます。

常に、そちらに思考を持っていってしまうことになるのです。

この情報は、目的地に行くための標識になってしまうのです。
標識通りに、あなたは自分の身体を創ってしまうことになるのです。
そして、順調に教えられた通りの目的地に向かってしまうのです。

あなたは、自分で自分の身体を好きに創ることができるのです。
あなたの気持ち、感情、思考で身体はどうにでもなるので
まずこのことを理解してください。

たとえば、とても怒った後に胃が痛くなった経験はありませんか?
ものすごく心配したら、白髪が増えた・・・という話を聞いたことはありませんか?
それは、あなたの感情、思考が身体に大きく影響しているということなのです。

このように、自分の感情、思考で、あなたの身体は大きく左右される・・・ということをわかってください。

もっと言えば、あなたたちは、言葉ひとつで簡単に病気にもなるんです。たとえば、朝起きて、今日は気持ちがいい日だ、身体の調子もすこぶる快調だ・・・って思って元気いっぱい会社に向かってたとします。その途中で、近所の人に会い、どうしたんですか？　顔色が悪いですよ・・・と言われたとします。そのときは、あなたは、いえそんなことはないですよ。私は、今日はとっても元気です・・・と無邪気に答えることができます。そして、何かの見間違いだよね・・・って聞き流すことができます。

次にまた途中で友だちに会い、あれ？　なんか調子悪い？・・・って言われたとします。あなたは、少し不安になります。自分はとても元気だと思っているのに、二人にそんなことを言われるなんて、もしかしたら本当に顔色悪いのかな？・・・って。

そして、最後にもう一人に、どうした？　熱でもあるんじゃないのか？

帰って休んだらどうだ？・・・と言われたとします。

あなたは、そこで自分はやっぱり調子悪いんだ・・・と思い込むことになるのです。

そうなると、本当に顔色も悪くなり、見かけも病人のようになり、熱まで出るのです。

これは本当の話です。


自分はいたって元気だと思っていたのに、三人の人に顔色が悪い、元気がない、熱でもあるんじゃないか？・・・という言葉をかけられただけで、自分の身体を病気にしてしまうことができるんです。


もう一つの例は、想像妊娠です。

子どもが欲しくて欲しくて、いつも妊娠することを望んでいると、実際に妊娠していなくても、妊娠しているのと同じ症状が起きるというものです。

実際に妊娠していないのに、生理が止まり、つわりが起き、お腹が膨れてきて、そのまま進行すると、予定日だと思われる頃に陣痛が起きることもあるのです。

その反対が、プラシーボ効果というものです。
プラシーボ効果・・・ご存じですか？　偽薬効果ともいわれるものです。
薬効成分を含まないプラセボ（偽薬）を薬だと偽って投与されたとしても、
本人がそれを薬だと信じ込めば、身体は回復の方向へ向かうということです。

思い込む・・・これは思考です。

この薬を飲めば身体はよくなる・・・と思い込む（信じ切る）ことで、
本当に身体はよくなっていくのです。

薬だけでなく、アルコールなどでも同じ効果が出ます。

飲んだ人が、それはアルコールだと思い込めば、飲んだものがノンアルコールだったとしても、アルコールを飲んだような症状が実際に出るのです。

いくつか例をあげましたが、このくらい思い込みというのは身体に大きな影響を与えるということです。

だから〝病名〟という名前をつけてしまうと、その症状を具体的に、詳細にイメージすることができるようになり、本当にその病気になってしまうのです。

あと、これはちょっと余談になりますが、目に見えない存在もそうです。

たとえば、よくご存じのハリー・ポッターという物語の中で、〝例のあの人〟という表現が出てきます。〝例のあの人〟には、ヴォルデモート卿という、れっきとした名前があります。でも、絶対に名前を呼んではいけない・・・と人々に厳しく言い渡します。

それは、名前で呼ばれるよりも〝例のあの人〟と呼ばれるほうが恐ろしさが増すからです。

人を認識するには、本当は名前は必要ないんです。

私たち（高次元の宇宙人たち）は名前をつけません。

なぜならばこのエネルギー（波動、雰囲気）は、この人、このエネルギー（波動、雰囲気）は、この人・・・と、エネルギーで認識します。

あなたも、友だち、家族のエネルギーはわかると思います。

後ろから目隠しして、だ～れだ・・・って言われても、その人が誰だかわかりますね。

そんな感じです。


でも、とても近い人ならわかりますが、そんなに会ったこともない人ならば、エネルギーだけで認識することができないので、名前をつけるのです。

そして、名前をつけることでエネルギーが固定されてしまうのです。

わかりますか？

ハリー・ポッターを制作した方は、そのことをとてもよく知っていたということです。

ね、ヴォルデモート卿と言うよりも〝例のあの人〟というほうが、何となく神秘的で怖い感じがするでしょう。

もし、あなたが何か怖いと思う存在があるのであれば、
それに名前をつけてしまえばいいのです。
それも、笑っちゃうくらいユーモラスな名前がいいですね。
そしたら、怖くなくなります。
お化けのキャスパーのように、見えないから怖いと思われている存在でも
友だちになれますよ（笑）。

話が逸れてしまいましたので、もとに戻したいと思います。

病気に名前をつければ、それが現実になるのであれば、

反対に、あなたの〝夢〟にも

名前をつけてしまえばいいということになります。

名前をつけることのパワフルさを理解していただけましたでしょうか？

夢は、語るもの？　それとも黙っていたほうがいい？

あつし：　アシュタール、〝夢〟って他の人に宣言したほうがいいの、
それとも黙って動いたほうがいいの？
俺は、だいたい自分の中で決めたら、すぐ周りに宣言しちゃうんだよね。

それは、個人によって違うので、何とも言えないですね。

人に、私はこうなりたいんです・・・って宣言したほうがいい人もいます。

自分を追い込むタイプですね、あなたみたいに（笑）。

人に話したからには、もう引っ込みはつかない・・・やるしかない・・・という気持ちを

ガソリンのように燃やして突っ走っていくやり方が合う人もいます。

有言実行タイプですね。


でも、反対にプレッシャーに弱い人もいます。

宣言することで、それができなかったらどうしよう、恥ずかしい、みっともない、と思い自分で置いた重荷に耐えられなくなって動けなくなってしまう人もいます。

そういう人は、プレッシャーがかからないようなやり方が合っているのです。

大っぴらに宣言するのではなく、何となくそちらに向かうやり方です。

自分を理解してくれる人だけに、話をすればいいと思います。


あとは、宣言しないことで、自分の中のエネルギーをまわしていくタイプもあります。

宣言することで、自分の中のパワーが抜けていくと感じてしまうのです。

自分の中だけで、どんどんエネルギーを膨らまし、そのエネルギーで内燃機関を燃やしていくタイプですね。プレッシャーがかかるから宣言しないのではなく、人に言わないことで自分にプレッシャーをかけることができるのです。

誰にも言わないで〝夢〟を現実にして、周りを驚かせたい・・・という気持ちがある人です。サプライズが好きなタイプなのです。

無言実行・・・黙々と自分の〝夢〟に向かって走り、そしてできたときに人に教えたい・・・と思っています。


そして、もう一つのタイプは、宣言することで安心してしまう人です。

宣言したことで、もうそれはできた・・・と思ってしまうんです。

よく大風呂敷を広げる・・・と言われる人がいますね。それは、このタイプなのです。

宣言したときは、本気で言っています。ウソをつこうとか思っていません。

でも、みんなに宣言したら、安心してしまって動くエネルギーがなくなってしまうのです。

〝夢〟を叶えるには、エネルギーが必要です。

そのエネルギーをどこから持ってきて、どう燃やすか・・・

それが大切なんです。

エネルギーだけあっても燃やさなければ動かないのです。

車と同じなのです。
ガソリンがあっても、エンジンをかけて、ガソリンを燃料にしなければ車は動きません。
このタイプは、ガソリンを持ってきたことで安心してしまって、
それを燃料にすることを忘れてしまうのです。

人には、個性があります。それぞれみんな違う個性を持っています。
ですので、ガソリンを燃やし車を動かす方法が違ってくるのです。

自分は、どのタイプなのか?・・・考えてみてください。

あなたのガソリンの燃やし方がわかれば、その方法を使ってみてください。

正解はありません。どれが、あなたにとって使いやすいか・・・それだけです。

次は自分の番！

ミナミさん、この前さくやさんに・・・簡単に〝夢〟を叶えることができるおまじないみたいなものってないの～？？　って聞いてましたでしょ？

ミナミ：　うんうん、さくやさんにはスルーされちゃったけどね（笑）。

いいおまじないありますよ・・・教えてあげましょうか？

ミナミ：　・・・あるんだぁ～、あるなら教えてよアシュタールぅ～。

それはですね・・・

「次は、自分の番」・・・この言葉です。

このあとに、「できました」を三回、

「ありがとうございます」を三回、

「感謝します」を三回、

続けて言ってください。

ミナミ：　次は、自分の番？　そんな簡単な言葉でいいの？

そうです・・・次は、自分の番・・・何も深く考えないでいいですよ。
ただ言葉だけを言う・・・それだけでいいんです。

誰かが〝夢〟を叶えたのを見たら、すぐに「次は、自分の番」って言ってください。
そして、「できました」×3、「ありがとうございます」×3
「感謝します」×3　でしめてください。

願いを叶えた人（小さなことでもいいんです・・・あなたがいいなぁ〜、うらやましいなぁ〜って思えるようなことをしている人）を見たら、すぐに言ってみてください。
そうすると、あなたの頭の中に否定が入らなくなるのです。

あなたたちには、どこかで自分にはできない・・・と思う癖があります。
できるのは、特別な能力を持った人だけ・・・と思う癖があるのです。
だから、できなくても仕方がない・・・と諦めてしまうのです。
違います。

特別な人などいないのです。

人の能力などは、そんなに変わらないんです。

誰でも同じことができるのです。

じゃあ、どうしてできる人とできない人がいるのでしょうか?

それは、何度も言っているように、できると思っているか、できないと諦めているか・・・

それだけの違いなのです。

できる人は、自分にはできる・・・と思い込んでいるのです。

できない人は、できないかもしれない・・・と消極的になっているのです。

できたらいいなぁ〜、でもできないだろうな、と思っていると、でもできないだろうな・・・という現実を創るのです。


思考が先、現実はあと・・・わかりますね。頭の中で考えたことが現実になるのです。

だから、できたらいいなぁ〜、でもできないだろうな、という思考は、できたらいいなぁ〜、でもできないだろうな、という現実になる。

ということは、できないという現実になるということです。


できた人がいるんです。

実際にできた人がいるんだから、あなたにもできるんです。

でも、私にもできる・・・と思ってくださいと言うと、またそこで、できるかなぁ〜、できたらいいなぁ~という思考に戻ってしまいます。

そうではなく、できた人がいる・・・次は自分の番だ・・・という言葉に置き換えると、素直にできると思えるのです。

だって、できた人がいて、次は自分の番・・・何も抵抗はないはずです。

できた人に続くだけですから、否定が邪魔をしないので、あなたもできるのです。

わかりますか?

人の能力は、そんなに違わないのです。

できた人がいるなら、あなたもその後に続くことができるのです。

できた人を見て、「次は自分の番」・・・って、

つぶやいてみてください。

できる気になってきます。

できる気になる・・・それが一番大切なのです。

できる気になれば、できるのです（笑）。

ちょっとつぶやいてみてください・・・ね、何となくできそうな気がするでしょ？

軽い感じになりますね。この軽い感じがいいんです。

軽い感じというのは、あなたのエネルギーが軽くなったということなんです。

言葉は、音です。

音もエネルギーなんです。

エネルギーには軽いエネルギーと、重いエネルギーがあります。
重い言葉を発すると、あなたのエネルギーも重くなります。
軽いエネルギーを発すると、あなたのエネルギーも軽くなるのです。

エネルギーが軽くなると、気持ちがよくなり、
前向きに考えることができるようになるので〝夢〟を叶えやすくなるのです。

「次は、自分の番」・・・という言葉は、
私は〝夢〟を叶えることができる・・・という希望、
喜びのエネルギーを乗せていますので、とても軽いのです。

そして、「できました、ありがとうございます、感謝します」・・・

ということの三つの言葉もとてもエネルギーの軽い言葉なのです。

だから、深く意味を考えないで、言葉だけでもつぶやいていると、

あなたのエネルギーが軽くなり、

〝夢〟も叶いやすくなるということです。

「次は、自分の番」・・・

「できました」×3

「ありがとうございます」×3

「感謝します」×3

これが、とても簡単に〝夢〟を叶えるおまじないです。

最後に

最後までお読みいただきまして、ありがとうございます。
最後になりましたが・・・私たちにも、いま向かっている〝夢〟があります。
その名も・・・

ミナミAアシュタール　「1%プロジェクト」。

私たちの〝夢〟「1%プロジェクト」の内容につきましては、
後ほど詳しくお話しさせていただくことにして・・・

私たちは、この〝夢〟が絶対に叶うと信じています。
だって、今までの〝夢〟もすべて叶ってきましたから。

私、ミナミは十年ほど前には、本当に楽しくない人生を送っていました。
もう、毎日がつまらなくて、苦しくて、誰か何とかしてよ〜って叫んでましたよ（笑）。

でも、その頃にさくやさんと話をするようになり、いろんなことを教えてもらいました。

さくやさんとアシュタールに、地球での社会とは全く違う考え方を教えてもらい、それを実践することで、私の人生は大きく変わり、いまこんなに幸せな状態にいることができています。〝夢〟も希望もなかったあの頃には考えられないほどの〝夢〟を叶えることができるようになりました。すべて、この本で宇宙人たちに教えてもらったのと同じ方法を実践しただけのことなのです。

たとえば、苦しい環境から出たいと思ったことも・・・
心から信頼できるパートナー、仲間と出会いたいと思ったことも・・・
日本に唯一のサロンを開業したいと思ったことも・・・
全国からお客さまが来てくれるサロンにしたいと思ったことも・・・
毎月一回、全国いろんなところでワークショップを開催したいと思ったことも・・・
本を出版したいと思ったことも・・・
いま、全部叶っています。
（これらの〝夢〟をどうやって実際に叶えていったか・・に関しては、私たちの一冊目の本『3000倍、引き寄せる。』に書いてありますので、ご興味のある方はお読みくださいね）

それも別に、汗と涙の物語・・・みたいなことではなく、努力も忍耐も修行もな〜んにもしていません。ただ、私たちがそのときやりたいと思ったことを、楽しんでいたら、気がついたら〝夢〟が叶ってた・・・っていう感じなんです。

さくやさんが何度も叫んでたけど、本当に・・・

人生って甘いのよ〜〜・・・って思います（笑）。

これは、自慢したくて言ってるんじゃないですよ〜。
本当に、この本に書いてある方法を使えば誰でも、甘〜〜い人生を楽しめる・・・って
ことが言いたくて、私たちの経験談をお伝えしているだけなんです。
だって、本当なんだもん・・・だって、私たちができたんだもん・・・
だから、誰にでもできるんです。
さくやさんも言ってたじゃないですかぁ〜・・・
実際に〝夢〟を叶えた人に話を聞けばいいって！
そしたら、あなたの〝夢〟も叶うんだからって！

私たちの〝夢〟である、ミナミAアシュタール「1%プロジェクト」もまだまだ夢の途中ですが叶うんです、大いなる変態だから、私たち（笑）。

「1%プロジェクト」の1%っていうのは、日本の国民の一%、約百三十万人の方々にアシュタールやさくやさんの存在を知っていただき、彼らが教えてくれているメッセージをお伝えしたい・・・っていう〝夢〟なんです。
だから、こうして本も書いているんです。

いまの日本の社会（日本だけじゃないけど）、どう考えてもおかしいと思いませんか？
どんなに一生懸命、真面目に生きていても、ちっとも楽にならない。どうして？

宇宙人たちは、人生は甘いんです・・・って言ってるのに、全く甘いなんて思えない。
苦くて、苦くてたまらない生活を送っているんです。

それはきっと、考え方が違っているからじゃないかと思うんです。

苦くなるような考え方をしているだけじゃないのかと。


じゃあ、甘いのよ〜って言ってる宇宙人たちの考え方をすれば、甘い生活を送ることができるんじゃないかな？　と。みんなが、甘い生活、楽しい人生を送ることができれば、社会も楽しいものになるんじゃないかと、真剣に考えてます。


まずは日本国民の約百三十万人の方々が、甘い考えをすることができるようになれば、社会も甘くなる。だから、「1％プロジェクト」なんです！

これは、誰かのためにとか思っていません。

私たちが甘い生活をしたいからやっていることなんです。

だって、甘い生活をしている人が増えたほうが、私たちも楽しいから。

それだけなんです（笑）。

そして、「1%プロジェクト」と並行して、
最近また、新しい〝夢〟を見つけてしまったんです。

題して・・・

〝縄文時代復活・・・
みんなで楽しく暮らせる、じょうもんの麓を創るぞ大作戦〟

縄文時代の頃みたいに、お金のない、所有の概念のない社会を創っていきたい・・・って
〝夢〟見てます。

いまの社会って、なんだかんだ言っても、すべてお金じゃないですか。

お金のために働いてる・・みたいな。
私たちのほとんどの悩み、苦しみは、お金が原因ですよね。
お金っていうものがなければ、きっと自由で豊かで甘い生活ができると思うんです。

アシュタールやさくやさんたちのいる世界には、お金などないそうです。
所有という概念もないそうです。
それでも？　だから？　みんな自由で、平和で、穏やかで、満足してて、
幸せでいられるらしいんです。

私たちは、彼ら宇宙人のメッセージで、そういう世界を知ることができました。
どうしたら、そういう社会を創ることができるのかも教えてもらっています。
宇宙人たちが教えてくれていることを、自分たちなりにアレンジしていけば、
この現代の地球にも、そういうところを創ることができると思うんです。
真剣に、そういうところを創りたいと思っています。

お金のいらない社会・・・考えただけでもワクワクしませんか？
私たちは、そちらに向かって進んでいきたいと思います。
〝夢〟は、見るもの、語るものじゃなくて、叶えるものですから。
「次は、自分の番」・・・ですよね。

このあとの項で、アシュタールが、お金のない世界とは、どういう世界なのか？
そして、どうやってその世界を創っていけばいいのか？　を教えてくれていますので、
ご興味のある方は、ぜひお読みになってください。

イメージさえできれば、それは現実になるのよ～

by　さくや

最後になりましたが、私たちのチーム、ミナミAアシュタールの活動を支えていただき、こうしてメッセージをお伝えする機会をくださいましたすべての方に、心より感謝いたします。本当に、ありがとうございます。

では、アシュタール、よろしくお願いしま〜す。

「個の時代へ向かって、立ち上がる」

突然ですが・・・もし、いまこの瞬間、あなたたちの社会からお金というものがなくなったらどうなると思いますか？
あなただけじゃなくて、すべての人からお金がなくなるのです。

社会からお金が消えてなくなるのです。
生きていけなくなりますか？
何も手に入らなくて困りますか？

いえ、あなたたちはお金というものがなくなっても、
何も困らないのです。
みんながそのままの生活を続けていれば、
いま手に入っているすべてのものは、
そのまま変わらず手に入れることができるのです。

野菜を売っている人は、そのまま野菜を売ってください。

（売るといっても、お金はありませんから差し上げるですね）

魚を売っている人は、そのまま売って（差し上げて）いてください。

ガス、水道、電気・・・それに従事している人は、そのまま仕事を続けていてください。


水は、いくらでも手に入ります。

もともと誰のものでもなく無料なのですから。

地球が分け隔てなくすべての生き物たちに用意してくれているものなのですから。

ただ蛇口まで水を引いてくるのに人手がかかっていただけなのです。

ならば、お金がなくなってもその仕事を続けてくれる人がいれば、
お金を払わなくても、水はそのまま蛇口から出てきます。

みんながそのまま、いままでしていた仕事をしていれば、
社会はお金がなくても何も困らずまわっていくのです。

それは、お金が社会を動かしているのではなく、人が社会を動かしているからなのです。

人がいれば、社会は動いていくのです。
だから、お金というものは本来必要ないものなのです。

ではどうして、いまお金を使っているのでしょうか？
どうしてお金がなければ生きていけないような社会になっているのでしょうか？

それをご説明するのに、少しあなたたちにとっては信じられないと思うお話をさせていただきます。最初からお伝えしているように、私たちは宇宙人です。
それは、あなたが信じる信じないにかかわらず真実です。

宇宙人は、本当にいるんです・・・

宇宙人の私がそう言っているんですから、間違いないでしょう？・（笑）

あなたの世界、地球にもたくさんの人たちがいます。

白い肌の人たちもいれば、黒い肌の人もいます。

肌の色が違っても、同じ人間ですね。ただ、種族、人種が違うだけなのです。


宇宙も同じだと思ってください。宇宙人は、私たちだけではありません。

宇宙は、とても広いです。たくさんの違う宇宙種族がいます。

あなたたちも宇宙的視野から見れば、地球という惑星に住むヒューマノイド系の宇宙種族なのです。あなたたちも宇宙人だということです。


ここまで大丈夫でしょうか?


そして、私たちのように地球人に関与している宇宙種族もいろいろいます。

いくつもの惑星、いくつもの次元の宇宙人が、あなたたち地球に住む宇宙種族に関与しています。

そして、ここが問題になってくるのですが・・・関与の仕方にもいろいろあるということです。同じ人間の中でも、いろんな考え方を持った人がいます。違う価値観を持った人もいますね。それと同じことが宇宙人にもいえるのです。あなたたちに関与している宇宙人には、大きく分けて二つのタイプがいます。

宇宙の友人として、

あなたたちと交流したいと思っている宇宙人と、

あなたたちを支配・コントロールしたいと思っている宇宙人。

そして、あなたのいまの社会システム、文明を創ったのが、その後者の宇宙人だということなのです。

あなたの社会は、ピラミッド型をしています。

大きなピラミッドの中に、小さなピラミッドがたくさん入っているのです。

国もピラミッド型です。

一人のリーダー（大統領、首相、王様・・・いろんな名前があります）の下に、複数のサブリーダーがいて、その下にもまたそのサブリーダーがいて・・・下にいくほど人数が増えていく。

会社もそうです。

社長がいて、副社長がいて、役員という人たちがいて、その下にそれぞれの部署の長がいて、部下がいて・・・とすそ野が広がっていきます。

学校もそうですし、宗教的な組織もそうです。


このピラミッド型のシステムは、一部のトップの人たちが多くの人たちを支配・コントロールし、搾取するためのシステムなのです。

そのためだけに、考え出されたシステムなのです。
あなたもおかしいと思ったことがありませんか？
なぜ、こんなに一生懸命、真面目に働いているのに、
少しも暮らしが楽にならないのだろうか？・・・って！

それは、もともとピラミッド自体が、搾取のために創られたシステムだからです。
ピラミッド型のシステムを創った人たち、
そのトップにいる人たちは、あなたの幸せなど考えていません。
彼らが考えているのは、どうすればもっと搾取できるか・・・それだけなのです。

少し世界を見渡してみると、よくわかると思います。
世界で最も裕福な六十二人の人たちと、ピラミッドの下にいる三十六億人の人の合計資産
がほぼ同じだという話を聞いたことがあると思います。
それだけ貧富の差があるということなのです。

もっと前は、百二十八人のトップの人たちと三十六億人の合計資産がほぼ同じでした。
これは、年々貧富の差が開いているという証です。
この話を聞くだけでも、

いかにピラミッドシステムが、一般庶民から搾取するシステムであるかがわかると思います。

会社でもそうですね。大きな会社になればなるほど、
トップと一社員の待遇、給与の違いがあからさまに違うことがわかります。
ある大手の企業の社長は年収五億だそうです。
でも、その会社の社員は会社をスリム化し、
効率を上げるためにという理由でリストラされているのです。
会社をスリム化して経費を下げるのが本当の目的であるのならば、

まず最初に社長の給与を減らせばいいのではないでしょうか?
これだけを見ても、会社がいかにトップの人たちを優遇し、ピラミッドを支えている人たちを、ただの歯車としか見ていない現状がわかります。

会社は、社員の幸せなど望んでいないのです(例外はあるでしょうが・・・)。
いかに利益を上げるか、それだけなのです。
それもトップの人たちのための利益です。
トップの人の上には、会社の株を持っている株主という人たちもいます。
その人たちのために、会社はあるのです。社員のためにあるのではありません。

国もそうです。あなたたちから税金という形で搾取しているのです。
税金は、搾取のシステムだということです。
いまの社会を見ればおわかりでしょう。
社会福祉のために・・・という理由で税金が増えても、

社会福祉にはほとんど使われていません。
それは、国を超えた大きなピラミッドがあり、
その大きなピラミッドのトップへと搾取されていっているからです。
国もそれを構成している人々のためにあるのではないのです。
国民をピラミッドを支えるためだけの歯車として考えているのです。
国、政府というピラミッドは、
それを構成している人々、国民の幸せなど考えてはいないのです。

そして、その国、政府と呼ばれる組織を超えた大きなピラミッドのトップが、
あなたたちを支配・コントロールしている宇宙種族だということになります。
信じられないですか？

宇宙種族がどうのこうの・・・という話は信じられなくても、
一部の人たちが多くの人たちから富を搾取しているというのは、

事実としてわかると思います。
あなたの目にも、明らかに貧富の差があるのはわかりますね。

またこの話をすると驚かれると思いますが、
先ほどお話しした宇宙種族は、物質が欲しいのではないのです。
お金という紙きれ、金属の塊が欲しくて
あなたたちを支配・コントロールしているわけではありません。
彼らは、あなたたちから出ている重いエネルギーが欲しくて、
あなたたちを支配・コントロールしているのです。
彼らは、物質はいりません。エネルギーが欲しいのです。

思考はエネルギーだとお伝えしました。
思考と同じように感情もエネルギーなのです。
あなたたちは、常に思考し、その思考とともに感情も動きます。

ですので、常にあなたはエネルギーを放出しているのです。
ここまで大丈夫でしょうか？

エネルギーには、良いエネルギー、悪いエネルギーというものはありません。
どちらも同じエネルギーです。
でも、重い軽いはあるのです。
あなたも楽しいとき、軽い感じがしますね。でも悲しいときは重い感じがします。
それが、エネルギーなのです。
そして、彼ら宇宙人はそのエネルギーを栄養源？として、
あなたたちからチャージしているのです。
彼らは、食べ物を食べて身体を維持しているのではなく、
人から出るエネルギーをチャージして維持しているのです。
そして、彼らが好きなのは、軽いエネルギーではなく重いエネルギーなのです。

その重いエネルギーをあなたたちから搾取し、チャージするために創られたのが、ピラミッドシステムだということです。

ピラミッドシステムが創られたのは、文明というものができたときです。
彼ら宇宙人が、意図的にあなたたちの文明を創ったと言うほうがいいかもしれません。

その頃は、宗教という概念であなたたちを支配・コントロールしていました。
自分たち宇宙人を、「全能の神」とあなたたちに思わせたのです。
彼らには科学的に高いテクノロジーがあります。
稲光など簡単に創りだせるのです。
「神」を信じず、「神」を崇めない人たちは、
天罰と称して稲光などで他の人への見せしめに怖い目にあわせたのです。

ですから人々は「神」（宇宙人）を怖れました。

何か逆らうと罰を受けるからです。

だから自分の好きな生き方はできなかったのです。

「神」の言う通りの生き方しかできませんでした。


「神」（宇宙人）は、人間たちを小さな世界に閉じ込めました。

自分たちの命令に従うことだけが、生き延びる方法だと教え込んだのです。

いまの宗教的な教えを見てもわかると思いますが・・・

経典といわれるものはほとんどが制約です。

あれをしてはいけない、これをしてはいけない、
天国といわれる素晴らしい世界に行くためには「神」が説いていることを忠実に守らなければいけない。天国は、とても素晴らしいところです。

そこに行くには、経典を守りなさい。

それに背いた人は、地獄という恐ろしいところに落ちてしまいますよ・・・と脅します。

脅しばかりで縛り付けられた人々からは、重いエネルギーが放射されます。
それを彼らはチャージしていたのです。
そして今度は「お金」というツールであなたたちをコントロールしはじめたのです。
「お金」というツールができたのは、ほんの最近なのです。
ここ二千年くらいのことです。
それも、こんなにあなたたちの生活に直接結び付いてしまってから、
まだ何百年も経っていません。それまでは、お金などなくても生きていけたのです。
お金のない時代のほうがよほど長いのです。

宗教とお金・・・この二つのツールによって

あなたたちは縛り付けられ、

常に緊張とストレスにさらされてしまっているのです。

「お金」というツールがあなたたちにとって「神」のような存在になってしまったのです。

人間という生き物はとても弱い生き物なので「神」のご加護を受けなければいけない。

だから、「神」に逆らうことはできない。

そして「お金」も「神」に匹敵するぐらい人間には必要なものだ。

「お金」がなければ、人間は生きていけない・・・と思い込み、

「お金」のためにだけ生きていくようになってしまったのです。

食べ物、着るもの、住むところ・・・を確保する「お金」を得るためだけに、
一日中労働する生活が、当たり前の生き方となってしまいました。
「神」から教えられた道徳？　倫理？　に縛られ、その生き方だけが正しいとされ、
そこから外れた考え方、行動は許されない。

そして「お金」のためだけに、人生のほとんどを

ただ労働するだけのために費やしてしまう。
生きるためだけに生きる・・・
それが、あなたたちの生きる目的になってしまいました。
お金に振り回され、常識、道徳、倫理観など、押し付けられた考え方、価値観に縛られ、あなたは自由に自分で考えることさえできなくなってしまっているのです。

人々はいつも怖れと不安、心配で心を満たし、欲求不満でエネルギー不足となり、エネルギー不足をチャージするために、人から搾取することを考えるようになってしまう。

人からエネルギーを搾取する人を、エネルギーバンパイアと呼びます。
あなたたちの社会には、エネルギーバンパイアがたくさんいるのです。
ピラミッド社会にいれば上からエネルギーをバンパイアされますので、
今度は下から自分もバンパイアするようになってしまうのです。

会社のトップからバンパイアされた部下は、その部下からバンパイアし、
その部下は、その部下からバンパイアする。
そして、バンパイアできない会社の下の人は、他のところでバンパイアするしかなくなり、
自分より弱い立場の人を見つけてバンパイアするのです。
サービス業などの人に、とても横柄で高飛車な態度をとる人がいますが、
その人はサービス業をしている人は言い返さない、
自分より立場が下だと思い、その人からバンパイアしているのです。
駅などで、必要以上に駅員に対して怒りをぶつけている人もバンパイアです。

そして、最後には家庭へとバンパイアのターゲットが移っていきます。
家族で一番弱い立場は、子どもです。
子どもからエネルギーをチャージしようとするのです。
そして子どもはどうするでしょうか？
大きな子どもは、小さな子どもをいじめたりすることでバンパイアします。
同じくらいの子どもでしたら、力が弱い子どもがターゲットになります。
これが、いじめの構造です。

だから、いくら子どもたちに向かって、いじめはダメです、いじめをなくしましょうと諭しても無理なのです。いじめている子どもたちも、エネルギーを搾取されていますのでどうしようもないのです。お腹が空いて仕方がない子どもに、食べてはいけませんと言っているのと同じなのです。

いじめは子どもだけではなく大人の社会にもあります。

最近はもっとエネルギーの搾取がひどくなってきてるので、いたるところでいじめの問題が出てきているのです。

これは、ピラミッド社会の根本的なところが原因ですので、いくら現場で何とかしようとしても、それは無理なことなのです。

ピラミッド社会がある限り、エネルギーバンパイアの搾取は続くのです。

こうしたエネルギーの奪い合いが、ケンカ、争いごと、ひいては戦争になるのです。

だからあなたたちの社会では、小さなことから大きなことまで、争いごとが絶えないのです。そして、あなたたち同士が争うときに放射する重いエネルギーを宇宙人たちは自分たちのエネルギー源として、喜んでチャージしているということです。

お金も結局は、あなたたちからエネルギーをバンパイアするためのツールだということなのです。いままでは宗教的な争いでバンパイアしていたエネルギーを今度はお金というツールでもバンパイアしているということです。

二重のシステムでバンパイアされているのです。

だから、あなたたちのいまの争いごと、トラブル、悩みのほとんどの原因はお金にまつわることだと思います。

きっとお金さえあれば、こんな問題は起きないのに・・・と思うことばかりだと思います。


お金を不足させることでお金で争わせるのです。

お金を借りると利子がつきます。

その利子のためにたくさん働かなければならなくなり、身体も心も疲れ果ててエネルギーが枯渇し、人からエネルギーをバンパイアすることになる。

あちらこちらからバンパイアされているということです。

そしてバンパイアされている人もまたバンパイアしているという
悪循環のシステムなのです（支配者たちにしてみれば好循環かもしれませんが・・・）。

こうしてピラミッド型の社会システムの中で、
あなたたちは常にエネルギー不足にさせられているのです。

だから、自由に〝夢〟をイメージすることができなくなってしまっているのです。
自由に自分の好きなことをする・・・
それさえも難しいと思い込んでしまっているのです。

あなたが思っている自由は、
制限の中で許された範囲の中での自由にすぎません。

それは、本当の自由ではないのです。

これが、あなたがいまいる社会の現実なのです。

だから、あなたはどんなに一生懸命、真面目に働いても、楽にはならないし心も豊かさを感じられないのです。

何度も言いますが、ピラミッド社会そのものが搾取のシステムであり、そこにいる限り幸せにはなれないのです。

そして、昔からいままでの地球上にある文明のほとんどがピラミッド型になっています。世界中がピラミッドシステムに組み込まれてしまっているのです。

でも、ひとつだけピラミッドシステムに

組み込まれなかった文明があるのです。

それが、縄文時代といわれる文明なのです。

なぜ縄文の文明だけが、ピラミッドシステムに組み込まれなかったかというと、地球人と友だちとして交流していた宇宙人が関与していたからです。

支配・コントロールしたい宇宙人と、友として地球人と交流したい宇宙人は、同じ知識、テクノロジーを持っていました。

ですから、宇宙人を友としている人たちを、支配・コントロールすることが難しかったのです。


日本という土地は、少し歴史的に特殊な成り立ちがありました。

日本だけ、支配者として君臨したいと思っている宇宙人とは別の宇宙人が関与することができたのです。

その文明は、エネルギーを奪い合うのではなく提供し合う文明でした。

なぜそのような文明が可能だったのでしょうか？

ミナミさんが先ほどお話ししていたように、
日本の縄文時代にはお金がありませんでした。

みんながすべてを共有する社会だったのです。

あなたたちは、縄文時代の人々は文明などなく
狩猟採集のその日暮らしの原始的な生活をしていた・・・と教えられています。

そんなことはないのです。

縄文の人々は、とても高度な文明を持っていました。

友として関与していた宇宙人たちから、高度なテクノロジーを教えてもらっていたのです。


ただ文明の方向性、価値観が、ピラミッド型のあなたたちの社会と違っていただけなのです。彼らには、物質を所有するという考えがありませんでした。

すべて、みんなのものでした。

地球がプレゼントしてくれているものすべて、みんなのものとして分け合っていたのです。

そして生きていくのに必要なものをすべてプレゼントしてくれる地球に対して

感謝していました。
だから、地球を破壊するような不自然な文明は創らなかったのです。
彼らは地球とともに、地球がプレゼントしてくれている
自然と調和して生きるという生き方を選んでいたのです。

とても高いテクノロジーを持ちながら、あなたたちのように
高い建物を建てたり、乗り物を開発したりすることに価値を持っていなかったのです。
大きなピラミッドを作ったりすることもなかったのです。
だから、後世に文明があったことを証明する物質的なものが何も残っていないのです。
そのことから、縄文時代の人々は原始的で、
動物たちとそんなに変わらない生活をしていたと思われてしまっているのです。
文明的なもので残っているのは、縄文土器といわれる焼き物です。
とても繊細で素晴らしい装飾が施されています。

文明もなく、ただ狩猟採集のその日暮らしの人々が作れるものではないのは、一目瞭然だと思います。

とても高温で一気に焼き上げなければ、あのような繊細な装飾と強度は出ないのです。狩猟採集の生活で、たき火のような火しか起こせない人たちには、作ることができない土器なのです。

土器をご覧になられるとおわかりいただけると思います。

いまのあなたたちの技術でも、縄文土器は作れないと言われているのです。

彼らには素晴らしい文明がありました。これは事実です。

そして、その文明は一万年以上という長い年月続きました。

その間、戦争などもなく、とても平和な生活を営んでいたのです。

所有という概念がないから、ものを取り合って争うということもないのです。

何ひとつ搾取されることがありませんので、エネルギーバンパイアがいないのです。

縄文の人々は、誰からも取られませんのでエネルギー的にも満たされていたのです。

そして、何も不自由していませんでしたのでストレスもなかったのです。

ストレスのない自由な生活は、とても快適です。

ですので、彼らは常にご機嫌で幸せでした。

自分が幸せだと思える人は、とても気前がよくなります。それはわかりますね。

あなたもご機嫌で気前がいいときはどうでしょう？

人に何かをしてあげたい・・・って思いませんか？

できることは、してあげたいって！


縄文の人たちは、みんながご機嫌だったので、どんどん人に自分の好きなこと、得意なことを提供していたのです。

だから、みんなもっと豊かになり、もっと満たされていくという好循環が生まれていったのです。

そして、ピラミッド型ではありませんので、もちろんリーダーなどもいません。

立場などなく、すべての人は平等でした。

男女間も、年齢の差も、何も関係なくみんなが平等で楽しく暮らしていたのです。

所有という概念がありませんので、もちろん貧富の差もありません。

個々が、それぞれに居るだけなのです。

そして個がとても大切にされていました。

組織の歯車として個性が制限されることもなかったのです。


これが横並びの「個の時代」なのです。

争いも、個々のストレスもありませんから、この時代は驚くほど長く平和に続きました。

どんなピラミッド型の文明よりも長く続いたのです。


もう、あなたたちの社会が限界を迎えていることは、あなたも肌で感じていると思います。

奪い合い、争いごとばかりの文明は長くは続かないのです。

ある文明社会ができたとしても、すぐに別の文明がその文明を滅ぼし、またその文明も短い時間で次にできた文明に滅ぼされる・・・その繰り返しなのです。
でも、もとは何も変わっていません。
文明の名前が変わるだけで、また同じことが繰り返されるのです。
いまのあなたたちのピラミッドシステムが崩れたとしても、
また同じピラミッドシステムができ上がるだけなのです。

あなたたちは、いつまでも搾取され、自由、幸せからほど遠い生活を
ずっと続けなければいけないのです。
一生懸命、真面目に働き続けても幸せになれない・・・という
いまの生活に疑問を持つのならば、そこから出てください。

ピラミッドシステムの循環から出るには、

縄文時代の人たちの文明を再現すればいいのです。

縄文時代のように、人々が、それぞれの得意なことを提供し合えば、お金などなくても何も困らず長く豊かに暮らしていけるのです。

日本から、はじめてください。
縄文時代の文明を知っているのは、
日本という土地に住んでいるあなたたちだけなのです。
土地の波動と共振しているあなたたちならできます。
新しい時代「個の時代」を創るのは、あなたたち日本に住む人たちなのです。

日本から、はじめてください・・・

あなたたちから、はじめてください。
「個の時代へ向かって、立ち上がる」・・・

この〝夢名〟に賛同していただけると嬉しいです。
最後までお読みいただきましたことを心から感謝いたします。
ありがとうございました。

あなたに愛をこめてお伝えいたします。

身体を持って次の次元へ行く

ミナミAアシュタール

身体を持って次の次元へ行く・目次

変な女とバカな男の珍道中の続きです

さてさて、私たちの最初の本『3000倍、引き寄せる。』を出版してから
かれこれ六年が経ちましたぁ～。六年なんてアッという間ですね。
とはいっても、あのとき小学校に入学した子が中学生？　そう考えるとめっちゃ時間経っ
てるじゃない？　って、びっくり！
だがしかし、この六年、面白かったぁ～。
ホント次から次へと自分たちでハードルを作って、それを飛び越えるのが面白くて
時間なんて忘れて遊んでおりましたです。あつしさんといつも

「私たち一体何やってんだろうねぇ」って言いながら
でも次から次へと出てくる（あつしさんが出してくる）ハードルを飛び越していくのが
面白くてたまらない。
もうね、あつしさんの「閃いた！」っていう言葉がめちゃくちゃ怖い（爆）。
この言葉が出ると、また次のハードルが出てくるんですよ。
「怖、ホントもうやめてよ、あつしさんってばぁ〜」って言いながらも
「何？　何？　何思いついたの？」って食いつくミナミです。

でね、最初の本『3000倍、引き寄せる。』を出版して、すぐにまた同じ出版社の社長
から、半年後の出版を目安として書いてほしいってオファーをいただいたんです。
これはね、もう天にも昇るほど嬉しかったです。だって、最初の本が不評なら次のオファ
ーはないですもん。二つ返事でお受けしました・・・が、でも、テーマが・・・
「すみません、私たち次は歴史の本を書きたいって思ってるんですけどぉ〜・・・」って
恐る恐る社長に言ってみたら、ふっと、でも優しい笑みを浮かべて、

「それはまた次回にしましょう。とにかく今回は、このテーマで行きましょう。どうですか?」とまじまじと目を見つめられたら「はい、ではそれでお願いします」と言うしかないじゃないですか。「でも、次回にしましょう、って言ってくれたよね。次回は歴史の本書けるってことだよね」って二人で社長の「次回にしましょう」というその一言に希望を繋ぎ、じゃあ、書くなら絶対面白いって思ってもらえる本にしようってことで、書きはじめたのが『他人の引き寄せ体験ほど役に立つものはない。』です。

これは実際にあった話をまとめた本です。

私たちはサロンでカウンセリングやアシュタール個人セッション(今は休止していますが)、ワークショップの中で、のべ五千人以上の方にアシュタール、さくやさんの超次元なアドバイスをお伝えしてきました。その経験をもとに、これまで私たちが見聞きしたいろいろな方のケースの中から、他の方の経験や悩みに重なりそうな、共有できそうな、わかりやすいケース、十五人分をまとめた本です。

『3000倍、引き寄せる。』は主に、私ミナミの体験談だったので、他の人の体験談もあればわかりやすいのではないかという社長の提案で書きはじめたんですが、その打ち合わせをしているときにちょっと、ん？ って思う社長の言葉があったんです。そのときはスッと聞き流してしまったんですけどね。その言葉は、

「こちらにも作家はいますから安心してください」でした。

ん？ どういう意味かな？ ってちょっとだけ思ったんですけど、深く追求するほどでもないと思いそのままにしていたんです。そして最後まで書き上げ、こちらの決定稿として社長に送ったんです。あとはゲラ（校正が入った最終稿）が届いて、それを私たちがチェックすればいいとホッとしていたんです。


しばらくしてゲラが届きました。

それを見たとたん、あつしさんの顔が赤くなっていったんです。

「これ見て」ってあつしさんがゲラを私に差し出すんです。

「何？ 何？ どうしたの？」って私もゲラを見たら・・・

私が書いた原稿が全部書き直されていたんです。もうね、直すというレベルではなく、全然違うものになっていたんです。

「何？　これ？」「冗談じゃない」という言葉しか出てこなかったですね。

私たちの原稿がどうなっていたかというと、内容は同じです。でも表現、書き方がまるで違っていた。悪い意味できれいになっていたんです。きれいな書き方、これが模範的な本の書き方です・・・っていう感じ。私の文章だけならまだしも、アシュタールやさくやさんの言葉まで変わっている。

きれいな型通りの書き方にそった文章になってしまっていたんです。

これではエネルギーが全く違う。これでは言いたいことがまるで伝わらない。きれいに書かれているけど、まるで無感情な、ただ事実の羅列になってしまっていて、まるで感覚的に伝わらない。

そのとき、はっと気がついたんです。あ〜、あのときの社長の言葉は、これだったんだってね。「こちらにも作家はいますから」は、そういうことだったのね。

プロの作家をゴーストライターにして、私の原稿を書き直したんだ、私はただのブロガーだから、ちゃんとした文章なんて書けないから、だから、きれいな書き方に直したのね。

ものすごくショックでした。私は私なりにアシュタールやさくやさん、もちろん登場してくださった方のエネルギーをなるべく変えないように、そのままリアルに伝わるように、読んでくださる方の琴線に触れるように、自分のこととして考えてもらえるように、一生懸命言葉を選び、考えて書いたんです。確かに模範的ないわゆるきれいな書き方はできません。でも、それでも、ここまで変えられてしまうと、もう自分の本じゃない。

「こんなのイヤだ」ってつぶやくと、

「俺もイヤだ」と言ってあつしさんはすぐに社長に電話したんです。

「これは俺たちの本じゃない。俺たちは教科書みたいな本を書いているんじゃない。こんな本になるなら俺たちは出さない。この話はなかったことにしてください」

本当にもうこの本は出さないって思いました。こんな本は出したくない。

文学青年であったであろう社長から見たら、私の文章は見るに堪えない書き方だったんでしょう。いいように言えば自由奔放すぎて、きっとすごく読みにくかったんだと思います。最初の『3000倍、引き寄せる。』のときにも
「すごく読みづらい」って言われたことがありました。
きっと社長は読者もそう感じると思ったんだと思います。読みにくい本は売れない。だから、読みやすく書き直したんだと思います。編集者としての考えはわかります。
でも、私たちはエネルギーをすごく大切にしているんです。エネルギーを変えないように、それを一番に考えています。だから、誰か他の人の手が入ったら、その人のエネルギーが乗ってしまい、エネルギーが変わってしまうんです。そうなるともう違う本になってしまうと思ったんです。社長には申し訳ないけど、ここは絶対妥協できない。
「これだと出しません」っていう私たちの強い思いを感じてもらえたのか、
社長もこれはまずいと思ったのか、
「わかりました。全部もとに戻します。そのまま出版します」って言っていただけました。

エネルギーを引かないって大事だなって実感しましたね。

ホッとしました、私たちもこの本は出したかったので・・・本当にホッとしました。

そして、この件が落ち着き、無事に私たちが書いたそのままの文章で出版することができたあと、冷静になってから気がついたんです、私。


私にはまともな、ちゃんとした文章が書けないって思ってたのは私自身だった。

社長はそれを代弁してくれたんだって。そうだよね、私、いつも思ってたもの。

ちゃんとした文章の書き方なんて習ってないし、私のブログで書く文章なんて、ちゃんとした作家さんから見たらまるで笑っちゃうレベルなんだろうなって。

「ダメだこりゃ！」自分の書いてるものを自分でダメだって思ってどうする。

そんなこと考えながら書いていたら、ブログを読んでくださってる方たちにも失礼だよね。

だから、そんなことを考えるのはやめて、私は私が書けるものを全力で書いていこうって思ったんです。教えてくれた社長ありがとう！　私は我が道を行きます。

って、思っていたら、おかげさまで二冊目の本も社長が心配していたようなこともなく、結果は思っていた以上に出たんです。

「良い本とは売れる本のこと、売れない本は犯罪です」という編集者魂を持つ社長も喜んでくれて、また次の本をオファーしてくれました。

私たちにとって三冊目になる本は、

『夢を叶えたいなら、その夢に「名前」をつければいいんです。』

「タイトル、長！　このタイトルだけで内容がわかっちゃうじゃないですか」っていう私たちの突っ込みもスルーして笑顔で

「長いタイトルつけたかったんですよね」って爽やかに言われたら、

「そうですか・・」って言うしかないじゃないですか（笑）。

この社長、すごく人当たりが柔らかくて優しいんだけど、交渉がとてもお上手で（笑）。

この本のオファーをいただいて、半年後に出版という予定で、ということだったんだけど・・・

半年後に出版ということは、なんやかんや書き上げる時間は、三ヶ月くらいしかないということ。書き上げてから校正して、印刷して、書店に並ぶまで結構な時間がかかるんです。

そんなこともつゆ知らず、まぁ、半年あれば大丈夫だよねなんて悠長なことを考えていた私は、三ヶ月という期間を知らされたとき、ちょっとパニックになりました。

だって、まだ何も考えていなかったから。とにかく次の本のテーマが決まっただけ。

タイトルはすべて書き上げてから決まったものですので、そのときは内容なんて全く頭になかったです。

それから、急いで何を書くかを考えたんだけど、何も浮かばない。困った、困ったって言いながらも毎日のブログの記事は欠かすわけにはいかない。

で、ある日ブログに「病名がつくから本当に病気になってしまう」っていう内容の記事を出したんです。そしたら社長から電話があって、

「この記事のような内容で本を書けませんか」っていう話になって、社長、私のブログ読

んでくれてるんだぁ、ってちょっと嬉しくなったんだけど、すぐに悩みはやってきます。「名前ねぇ〜、名前ねぇ〜、でも、病名ってあまり軽い感じしないしねぇ。なんか読んで気持ちが軽くなる本にしたいんだよねぇ」って悩んでいたらあつしさんが、

「名前をつければ現実化するって、アシュタールは教えてくれたんだよね。んじゃ、夢に名前をつけるって本はどう？　それならみんな楽しく読んでくれるんじゃない？」って言ってくれて、

「そうだ！　それでいこう！」って、目の前がパッと明るくなったのを覚えてます。

そんなこんなで何とか書き上げ、半年後に三冊目の本がめでたく出版されました。

ホッとしたのもつかの間で、またまた次の本のオファーをいただいたんです。

嬉しかったです。きっと今度は「歴史の本を出しましょう」って言ってくれると思ってルンルンして社長にお会いしたんです。

「歴史の本ですか？」って勢い込んで聞くあつしさんにニコッと笑いかけて

「いえ、今度も引き寄せのテーマでどうですか？」って。

「引き寄せですか？　それは最初に書いちゃったし・・・」

「でも、まだまだ引き寄せのテーマは需要が大きいんですよ」

「じゃあ、歴史の本は？・・・」

「私もいろいろ調査したんですけどね、歴史は難しいと思います。歴史の本を好む人たちは、ちゃんと検証したものを読みたがるし、歴史小説は・・・小説は書けないでしょ？」

って私の顔をちらっと見る社長に下を向いてしまう私。

今までのような形で書くことはできるけど、でも小説は全く別の話。

小説を読むのは大好きだし、一度は私も書いてみたいとは思うけど、でも、一度も書いたことがないド素人の小説なんて話にならないのはわかるから（小説の世界がそんなに甘いものではないのはわかってるし）何も言えない。

「そしてね、スピリチュアルな話題を好む読者の人たちは、歴史には興味がないんです。だから、ターゲットがいないってことで、売れないと思います」とはっきりと言われてしまいました。

そりゃそうですよね。出版社は利益が出て当たり前。社長は利益を求めているんだから。

ただ書きたいからっていう理由だけの私たちの要求なんて通るはずありませんよね。慈善事業でやってるわけじゃないんですから。

下を向いてしまった私を見てあつしさんが、

「わかりました、私たちも本を出したいので、引き寄せのテーマで書きます」って答えたのを聞いて、「ごめんね」ってちょっと口の中でつぶやいたミナミです。

私たちの歴史の本を出版するのは、あつしさんの熱い思いなんです。あつしさんがブログでさくやさんに聞きながら歴史のことをずっと書いてきてたんです。その思いを知っているから、小説を書けない私自身が悔しくて。「きっといつか小説が書けるようになろう。絶対になってみせる！」って自分に言い聞かせました。

だがしかし、テーマは違うにしても、やるからには私の持っている百%の力でやりたい。どう書けば、何を書けば読者の方に面白いと思ってもらえるものを書けるのか？と悩みながらパソコンに向かっている私の横であつしさんが「あ、閃いた！」って。

「え？　今度は何？」ってイヤな予感に恐る恐る聞く私に
「ゲームの攻略本は？」
「何それ？　私たちが書いてるのは引き寄せの本だよ・・・」
「だから、本っていう固い感じじゃなくてゲームの攻略本みたいな感じにしたら。人生というゲームをどうやって攻略していくか、っていう感じ？　どう？　書ける？」って、
「出たよ、ムチャぶり、やっぱりイヤな予感は当たったわ。ゲームの攻略本？　そんなのどうやって書くのよ」って文句を言いながらも心の中では
「ちょっと面白そう・・・」って思っちゃった私がいました。
で、あつしさんはあつしさんで面白がって中のデザインを考えて出した本が、
四冊目の『引き寄せの口ぐせ』です。

そんなこんなで、無事に出版することができ、おかげさまで社長の予想よりも結果はよかったみたいです。作家はあまり結果はわからないんですよね。社長に教えてもらうまではどのくらい売れているのかわからないのが実情です。

で、結果がいいって教えてもらっていい気になった私たちは社長に、

「せっかくならば宣伝してもらえないですか？」って聞いてみたんです。

同じようなスピリチュアルな本を書いている方のブログに、本を新聞や雑誌などで宣伝をしてもらったって書いてあったのを読んでいたので、私たちの本も宣伝してもらえないかなって思ってたんです。そしたら、

「それはムリですね」って。

「どうしてですか？」

「宣伝してもそんなに変わりませんよ。費用対効果は期待できないです」って言われてしまいました。それでもまだ、

「費用ならば少しなら私たちも持ちますから」と食らいつく私たちに、

「それはムリです。このくらい結果が出ただけでもすごいですよ、よかったですね」って。

「いいじゃないのよ、ちょっとくらい宣伝してくれたってさぁ、ケチ！　私らだってちょっとくらいならお金出すって言ってるのに。この本絶対もっと売れるのにぃ〜、先を見る目ないよねぇ〜、クッソぉ〜、悔しいぞぉ〜」ってサロンのロビーで叫んだ二人でした、

もちろん社長が帰ってからね。

私たちは四冊の本を出して、少しだけ出版業界のことがわかりはじめたんです。

出版業界には新刊神話があって、新刊でなければ売れないっていう考えがあるんです。

書店に置いてもらえるのは出版して六ヶ月以内の新刊。

長く置いてもらえるのは余程良い結果を出しているか、有名な人が書いているか、話題になった本だけ。そこそこの本は六ヶ月が経つと（早いところでは三ヶ月で）書店から返品されてしまうんです。だから、出版社は、どんどん次から次へと新刊を出していかなければいけない。平均して月に八冊の本が、一社から出ているそうです（大手だともっとすごい数が出ていると思います）。それで、売れないとみなされた本は次々に返品され、返品された本は倉庫代もかかるということで断裁されてしまうんです。

それを初めて知ったときは、すごく悲しかったですね。だって断裁される本って、作家が一生懸命書いた本でしょ。私の本が断裁されるって思ったらやっぱりやりきれない。

これが出版業界の現状だったんです。

だから、結果を出しているといっても、そこそこである私たちの本は宣伝するほどのことはないということなんです。はっきりと言ってしまえば、私たちの本を出してくれるのは、私たちにすでに読者がいるからなんです。ある程度の読者がいて、ある程度の結果がわかる。だから、どのくらい売れるかも予想がつくんですよね。予想がつくから無駄に刷ることもないし、ある程度の利益も見込める。その利益が出ればいいんです。それ以上一冊の本にこだわって何とか売ろうとか、大事にしようとかは思わない。ある程度で終わらせて、また次の本を出していくほうが利益になるんです。

そういう背景のない（ある程度の利益が見込めない）著者は、ほとんど出版までこぎつけない。だから、賞を狙うしかない、何かしらの賞をとると書店に置いても箔がつき売れると思われるから出版社も出してくれるということなんです。それは企業としては当たり前だと思います。だから社長が言っていることも理解できるし、ひどいことを言われたとも思いません。

でも、悔しかった。私たち自身この本は面白いと思っている。本当に楽しい人生にするためにアシュタールやさくやさんが教えてくれた大切な情報がいっぱい詰まっているんです。楽しく生きたい、もっと好きな現実を創造したいと思っている人たちにもっと読んでもらいたいって思っている私たちは、すごく悔しくて悲しくて辛かったです。

でも、それが社会。著者の思いなど関係ないんです。

それをイヤというほど思い知らされました。

で、ちょっと落ち込んでいる私にあつしさんがまたもや、

「閃いた！」って叫んだんですよ。

「またぁ〜、今度は何？」って呆れて答える私に、

「俺、出版社創る」って言い切るあつしさん。

「またバカなことを言ってるよ。ハイハイ」って軽くかわした私に

「本気だよ、本気で俺は、出版社を創る。そして、俺らの本をいつまでも書店から消さないようにする！」って、珍しく真面目な顔で言うんですよ。

「ハイハイ、またいつかね、できればいいね、」って答え
「できるわけないよ、あつしさん」って心でつぶやいた私は、
そのときのあつしさんの閃きなんて、すっかり忘れてしまいました。

私たちの活動の大きな二つの柱

突然ですが、私たちの活動には大きな二つの柱があるんです。

一つは一%プロジェクト、これは七年前に立ち上げたプロジェクトです。

日本国民の1%、約百三十万人の方にアシュタールやさくやさんの情報を目にしてもらえるようになれば、今のこのおかしな社会が少しでも変わるんじゃないかな、もしかしたらグルンってひっくり返るんじゃないかなって思って立ち上げたプロジェクトです。

私たちはグルンってひっくり返したいんです。もうこれは私たちにとってはゲームです。

黒から白へひっくり返していくオセロゲームみたいに、世の中をグルンってひっくり返していくゲーム、遊びですよ、ぶっちゃけ！

ずいぶん前からこの世の中おかしすぎる、何とかならないかな、どうしたらいいんだろうって考えてたんです。でもなんかはっきりとしない。そんなときに目標を具体的にすればいいっていうメッセージをアシュタールから受け取ったんです。

で、そっか、目標をしっかりと持てば道ができる・・・

それでこのゲームに目的となる標語をつけようってことで、

二人で考えたスローガンが「１％プロジェクト」なんです。

どうやったら一％の人に私たちの存在を知ってもらえるか、

アシュタールやさくやさんのメッセージを伝えることができるかを考えて、

ブログも大切だけど、やっぱりたくさんの方に広めるには本だよね。

本を出したいよねと思って、本にフォーカスしたのがこの頃からでした。

ここから『3000倍、引き寄せる。』への道が始まっていたわけです。

『3000倍、引き寄せる。』までの道のりについては、

『身体を持って次の次元へ行く1』に書いてありますので、どんなだっけってお忘れになってしまった方はもう一度お読みくださいませぇ〜。

「早く書いてよ、直木賞とるんでしょ」

「だから、今考察中だから、ちょっと待ってよ」

「いつまで待てばいいの？」という会話が交わされていた頃です。

そして、もう一つの柱は、「じょうもんの麓（ふもと）」です。
これは、こんなおかしなピラミッド型の社会からそっと離れて、
横並びの丸い社会を創りたい、と思って立ち上げたプロジェクトです。
ピラミッド社会での辛さの原因は根本的にお金ですよね。お金の問題がなくなればみんなもっと豊かに楽しく笑って暮らせるのにって思ったんです。

ピラミッド型の搾取の社会から出て、お金を使わずにそれぞれが得意なことを提供し合って暮らせる丸い社会になれば、みんなが楽しく豊かに暮らせるはずって本気で思ってるんです。だから、私たちがそんな社会（小さくてもこんな暮らしができる場所があるんだよっていう見本みたいな場所）を創りたいなと思って立ち上げたプロジェクトです。

最初は「じょうもん村」って名前にしようかと思ったんだけど、村っていう言葉にすごくひっかかって、なんか村的な名前にしちゃうと、なんだろう？　ちょっと違う気がして。村っていう名前をつけると、昔からある閉鎖的で束縛がたくさんある因習の深い、重い感じがする気がして、なんか違うなと、邑という漢字にしてみたり、他の呼び方を考えてみたり、ずいぶん悩んだんですけど、結果「麓（ふもと）」に決めました。

「麓」ってなんか広がっていく感じがするじゃないですか？

でも、名前が決まってもどこから手をつけ、具体的に何をしたらいいか皆目見当もつかない。だって、お金のない、提供し合う横並びの丸い社会って言ってもね。

誰も知らない世界に足を突っ込んでいくようなものでしょ。全く見えない。でも、きっと世界のどこかに何かヒントになるようなところがあるに違いない、と思いネットで検索したら「ビンゴ！　これだ！」と思うようなコミュニティーがあったんです。

デンマークに「エコビレッジ」っていうところがあって、そのビレッジでは、住んでいる人々はお金を使わないで助け合って暮らしている、って書いてある。

「あるじゃん、あるじゃん、やっぱり同じようなことを考える人がいるのね」って見ていると、なんと、そこでの生活を体験できるって書いてある。

「ちょっと外から見るだけじゃなくて体験までできるって素敵！　これは行くしかないよね。とりあえず二週間くらい体験したい」と思って、すぐに計画を立てはじめたんです。

デンマークに住む日本人のガイドさんにお願いして、そのエコビレッジに連れていってもらう手はずをとるためにメールを出そうとパソコンを開いたそのとき、エコビレッジに一ヶ月体験で滞在した方のブログが目に留まったんです、偶然。

「おお〜、これはすごい、これをしっかりと読んでから行けということね、下調べしといたほうが深く体験できるからね」って、読みはじめた二人の顔が・・・。

近くに誰かいたら二人の表情が見る間にどんどん曇っていったのがわかったと思います。

ブログを読んだ後に、

「終わったぁ〜、ムリぃ〜、ありえな〜い」って叫んだ二人です。あつしさんに
「俺は絶対に行かない。絶対にイヤだ」と言わせたそのブログの内容はというと。


その村の中には、キッチン班、農業班、建築班の三班があって、みんなそれぞれどこかの班に属して仕事をする。そして、すべての時間が決められていて、朝はそれぞれ自分の部屋で食事をする。朝ご飯を食べ終え、八時からそれぞれの作業を開始、十時に一斉にコーヒーブレイク、十二時に共同の食堂でみんなでお昼ご飯を食べ、そのあとまた作業に戻り、十五時にまた一斉にコーヒーブレイク。十七時に作業を終え、夜ご飯をまたみんなで食堂で食べる・・・みたいな。その上自治会とやらもあって、そこで村の運営をどうするか話し合って決めて、みんなそれに従わなきゃいけない。

「刑務所かぁ〜」「ムリムリ絶対にムリぃ〜」、あつしさんが宣言しなくても、「私も絶対に行かない、絶対にイヤだ」ですよ。

あ、このエコビレッジで暮らしている人たちを批判しているわけじゃないですよ。そこがとても快適に感じる方もいらっしゃると思います。とても良いところですって、ブログの方もおっしゃっていましたので、合う方たちにとっては素敵なビレッジだと思います。ただ規則とか行動を決められるとかが大っ嫌いな私たちには、絶対に合わない暮らし方だってことです。合う合わないっていうだけのことですので誤解なさらないでくださいね。

私たちが思っている暮らしは、さくやさんが教えてくれた、縄文の頃のような暮らし。みんながそれぞれ好き勝手にしている暮らし、やりたいことをやりたいときにやって、好きなこと、得意なことを提供し合う暮らし。ゆる〜い場所。

「全く反対じゃ〜〜ん。間違って行ってしまう前にブログに出会えてよかったぁ〜、念入りな下調べ大事よねぇ。危なかったぁ〜」

ということでまた振り出し。また何の手がかりもなくなった状態に。

でも、確実にわかったのが、私たちが創りたいと思っている暮らし方。

さくやさんが教えてくれたのは、人には介入しない、
みんなが自立して好きなことをすることが一番大切だってこと。

そうだよね、一斉にみんなで決められたことをするんだったら、今と何も変わらないよね。

お金を使わないっていうだけで今の暮らしと何も変わらないよね。

違うの。そうじゃないの。私たちが欲しい場所はそんなんじゃないの。

でも、じゃあ具体的に説明してって言われるとまだ何もわからない。何となくこんな感じ
っていうものはあるけど具体的にどういうものかは全くわからない。

言葉にできないイメージを持ちながら、とにかく場所だけでも探してみるかと思い
日本の中で「じょうもんの麓」を創れそうな開けた場所を私たちは探しはじめたんです。

「どこから？　探すって言っても日本は広うございますが？」って聞く私に、

「瀬戸内海は？」

「瀬戸内海？　なんで？」

「この前、広島の宮島に行ったときに弥山（みせん）に登ったでしょ。その頂上から見た瀬戸内海が忘れられなくて」

「あ〜、あそこね、本当にきれいだったねぇ。で、それだけの理由で瀬戸内海？」

「だって、日本海は寒いよ、すごく荒れるし。あの波がなくてベターッとした穏やかな海が最高だよね。人生が波瀾万丈の荒波なんだから住むところくらい波がない海を見ていたいよ」という、とてもシンプルなあつしさんの意見で、瀬戸内海沿いの場所をまわってみることになりました。


ま、正直言うと私もあつしさんと一緒で、ベターッとした穏やかな海が好きなんで、あつしさんの意見に賛成だったんです。私たち海が好きなんです。だから山じゃなくて海沿い。でも、一言で瀬戸内海と言ってもねぇ、それもまた広うござんす。

んじゃ、私の生まれ育った神戸あたりから探してみようかということで、時間を作って須磨や明石を歩きまわってみたりしました。

でも、やっぱり神戸あたりは大都会。地価も高いしね。それに広がりそうな場所はなかったので、じゃあ、島はどう？　ということで小豆島に行ったりして、あちこち探してまわったんですけど、なかなかピンとくるところがない。

言い忘れていましたけど、私たちいわゆるコミュニティーを創る気はないんです。シェアハウス的な感じとか、大人数で一緒に住むとか、私たちだけで周りから孤立するような集団的な暮らしとかじゃなくて、ご近所さん的な付き合い方ができる感じ。

もちろん、みんなで何かをするとか、同じ仕事をするとかそんなことは考えてないのです。ただ、寄り合いたいと思う人たちが、寄り合いたいときに寄り合える場所があればいいって思っているだけなんです。だから、私たちが住みたい所を探して、私たちが住んでいる所に同じ考え方の人が、ポツポツと集まってきたら面白くなるんじゃないかなって思ってるだけなんです。

一緒にきてくれる人を募集して、一斉に住みはじめるなんてことも考えてません。

ポツポツと集まってきて、気がついたらたくさん人がいるって感じがいいな。だから、近くに住みたいなって思ってくれる方たちが増えてきたときには、広い土地、広がりのある感じの地域がいいなって思ってるだけです。なんとな~く気が合う人たちが寄り合って好きなことを提供し合えれば、楽しい暮らしになるんじゃないかなって思ってるんです。もし、どなたもこなかったら二人だけでも全然かまわないと思ってるくらいです。そのくらいゆる~い感じで考えてます。

ということで、広い土地とその周辺も広がっていける感じの地域があればいいなと思って探していたら、どこからかひょっこり、岡山県の日生（ひなせ）という所の情報が入ってきたんです。

瀬戸内海にも面してるし、いい感じに田舎。地価もまぁまぁ安いし。ちょっと面白そうって思ってたら、体験住宅っていうのがあるって聞いたんです。一日から一ヶ月まで移住体験するための家を貸してくれるって。

こりゃ体験してみるしかないねってことで、すぐに申し込み、三週間貸していただくことになりました。

特にここを見てみたいとか、これを体験してみたいとか、そんなことは何もなく、とにかくそこで生活してみようと思ったんです。生活してみたら肌で何かを感じるかもしれない、何かわかるかもしれないと思ったわけです。
いつもの行きあたりばったりです。でも、これって私たちには合ってる方法みたいで、こんな感じでやっていくとうまくいくんですよね。だから今回も、とにかくやってみる精神で日生に行きました。

まず日生の駅に着くと市役所の方が待っていてくださって（体験住宅は備前市がやっているので）車で家までGO。大きな家でびっくり。
聞くところによると、今は移転してしまった大きな病院の院長さんの社宅だったらしい。で、その後どうしたらいいかさっぱりわからない。

とにかく足がないと何もできないと思った私たちは、駅まで歩いていって自転車を借りることに。車じゃないところが笑えるでしょ。でも車よりも自転車のほうが肌感覚で町を感じることができるんじゃないかなって思ったんです。ま、ぶっちゃけ、知らない土地をレンタカーで走る自信がなかっただけなんですけどね。


で、次の日から自転車でまわってみることに。

実はね、日生から車で三十分くらいの所に、ちょっとめぼしい土地があったんです。

今回体験してみて、良かったらそこにしようかって考えてたんです。


しか〜し、車で三十分の距離を舐めてた。

自転車で行けるよね、な〜ンって考えてたんです。で、日生の町に少し慣れてきた頃（三、四日後あたり）に自転車で向かったんです。走れども、走れども着かない。え〜こんなに遠いの？　もうムリぃ〜ってことで二時間くらい走ったあたりで引き返すことに。

四時間も自転車で走って何の収穫もなしです。

「何やってるんだろうねぇ～」

「でも、え～、これじゃあ、あの土地を見にいくこともできないじゃない、どうしよう」

って思っていたら市役所の方から、

「体験はどうですか？　何か困ったことはありませんか？」って電話をいただいたんです。

これは渡りに船。

実は、っていうことで次の日にそこまで車に乗せていっていただいたんです。


その道中で「今から行くあたりに賃貸物件とかないですか？」って聞いたんです。

「賃貸ですか？　どうして？」

「最初から買うのは怖いので、賃貸を借りてしばらく様子を見たいと思うんです」

って話をしたら、

「じゃあ、不動産屋を紹介しましょう。で、私も探してみますね」

って気持ちよく引き受けてくれたんです。連れていっていただいた土地はやっぱりいい。

ここだよねって思ったので、賃貸物件が出てくるのを待つことにしました。

日生で体験している間、二日間、岡山駅の近くでワークショップを開催したんです。三日間、日生を留守にしている間に、不動産屋さんが一軒の家を探してくれました。で、ワークショップが終わって日生に戻ってきてすぐに、その家を見にいきました。そのときはまだ、市役所の方も不動産屋さんもとても親切で、いろいろ話を聞いてくれました。


この辺の方は親切なんだなぁ～って嬉しかったです。で、話の中で仕事のことを聞かれ、私たちのワークショップの話になりました。市役所の方は、

「面白そうですね、私もそのワークショップに参加してみたいな」って言ってくださって
「ありがとうございます。でも、もしかしたらびっくりするような話になるかもしれませんよ」って答えたら、

「私は大丈夫です、そういう話好きですし、少々のことでは驚きませんから」って。

あぁ、よかった、私たちを理解してくれる人が市役所にもいるんだってホッとしたんです。なら、ここにみんながきても抵抗なく受け入れてもらえるかもって。

で、その後、きっと私たちのブログを読まれたんでしょうね。

次の日には、びっくりの手のひら返し！　急に態度が冷たい。不動産屋さんも同じ。

何が起きた？　私たち何も悪いことしてないよ〜。

賃貸物件も急に条件が変わって、貸してくれるって言ってたのに、将来必ずこの家を買うなら貸すって言いだしたんです。絶対に買うという念書を交わすなら貸してあげてもいいよって。


これには驚きましたね。買うのを条件で借りるくらいなら、最初から買うよね。

そんなの借りている間の賃貸料損じゃん。でさ、そもそも買うのを条件に貸すなんて話聞いたことないし、これって遠回しの拒否？　一度貸すって言ったから、大っぴらに貸さないって言えなくて遠回しに意地悪して私たちが「それならいいです。借りません」って言うのを待ってるのかな？

「何？　何？　何？　何がそんなに気に障った？」ってちょっとムカつきながらも考えていたらあつしさんが、

「もしかしたらだけど、新興宗教的な危ない集団が、大挙して引っ越してくるんじゃないかと警戒したのかもね」って。

カルト？　新興宗教？　どこからそんな発想が出てきたんだろう。

「あぁ〜あれかぁ〜、あの一言かぁ〜」と、はたと気づいた私。

「私たちは同じような考え方をした気の合う人たちとちょっとした村みたいなのを創って一緒に住めればいいなって思ってるんですよ。それにはここが最適なんですよね」

なるほどぉ〜、そういうことか、その言葉と宇宙人が出てくるぶっ飛んだブログを見て怪しい集団がくると警戒されたのね。

これは良い勉強になりました。そりゃ怖いわ。カルトとか入ってきたら怖いもんね。違うけど、全く違うけど、私たちはカルト集団じゃないし、宗教なんて全く関係ないんだけど！　怪しくもなんともないんだけど！

でもね、違います！　ってたとえ訴えたとしても、もうそう思われたら覆しようがないよね。

これからは言い方に気をつけようと思いました。誤解されてなんか悔しいし、腹立つけど、まだ世の中はそんな風にとる人もいるってことに気をつけなきゃね。

だけどさぁ〜、この私たちのこんな平和なバカっ面のどこをどう見たらカルト教祖？　カルト信者？　に見えるんだろうねぇ〜〜、不思議で仕方ないわ。


で、それからは市役所の人も不動産屋さんからも、ぱったり連絡もこなくなり、ただ三週間の体験を終わらせることだけに集中することにしました、と言っても、あと四日くらいのことですけど。

家の周りの人たちや近くのよく行く魚屋さんやパン屋さんとは仲良くなることができて楽しかったですよ。日生の名物、カキオコ（カキのお好み焼き）を食べにいったりして楽しく過ごしました。でも、もうここじゃないという気持ちは大きかったですね。

こうして岡山での体験も終わって、また次の候補地を探すことになりました。

私たちが望んでいるような土地あるのかなぁ〜ってちょっと気持ちが落ちることもありま

したけど、土地を探しにいくという気持ちじゃなくて、大好きな旅行を楽しみにいこう、そこで何か気になった土地があったら、またそのときに考えればいいよねって、気持ちを切り替えて旅行を楽しむことにしました。

俺、出版社創る　1

そんなこんなで土地探しをしている間、１％プロジェクト、本の話はどうなっていたかというと、こちらも出版社から音沙汰なし。

いくつか他の出版社からオファーはいただいていたんですけど、なんか二人とも気持ちが乗らないんです。どこか引っかかって何かが違うと思ってしまって、お断りしたこともありました。気が乗らないならやらないというのが私たちのやり方なので、もったいないなって思いながらもお断りしてたんです。

二〇一六年十月に、最後の『引き寄せの口ぐせ』を出してから、いつもお世話になっていた出版社からの連絡が、一年くらいの間、ピタッと途絶えました。

これまでは出版したらすぐに次の本の話が出て、半年おきに本が出てたのに、

「終わったのかな?」

「うるさいこと言いすぎたかな?　あれかも?　宣伝してくれっていう?」

「だって思ってること言っただけだし・・・」

「もう社長から連絡こないということで諦めて、他の出版社あたる?」って話をあつしさんとしていた頃に、社長から連絡が。「よかったぁ〜」ってホッとしましたね。

そして、社長と次の本の話し合いをしたんです。

私たちは歴史の本を書きたいんだけど、やっぱり無理なんだろうな〜って思って、

「次はどんなテーマで考えてらっしゃいますか?」って聞いたら、

ちょっと不思議な笑い方をして

「歴史の本、書いてみます?」って社長から言いだしたんですよ。

「えっ?　いいんですか?　歴史の本で?」ってあつしさんが驚いて聞くと、

「やってみましょうか。書きようによっては面白いものができるかもしれないし」という社長の言葉に大喜びした二人です。

「やります、やります、書きます、書きます、書かせてください」って二つ返事で答えました。


もう嬉しくてね、書きましたよ。嬉しすぎて楽しすぎて書きたいことが多すぎて、結構な大作になってしまいましたぁ〜、五百ページを超えてしまったんですよ。これには社長もびっくりしたみたいで「大作ですねぇ〜」ってちょっと苦笑いされていましたね。

ちょっと話は違いますが、この本、面白い書き方をしたんです。この本を実際に書いたのはミナミです。でもね、私は歴史のことはほとんどわからないんです。

だからあつしさんが歴史の中で気になったことをさくやさんに質問して、それをさくやさんがその場面を見にいってくれる、それを私がさくやさんに教えてもらいながら書くという珍しい方法で書いた本なんです。

こうやって言うと、さくやさんが一言一句伝えてくれて、それを私がただ書いていくみたいに誤解されちゃうと困るんだけど、そんなことはないんです。

さくやさんは言葉では何も伝えてくれません。さくやさんが伝えてくれるのは理解と言うかイメージなんですね、ポンって頭の中に理解とかイメージが入ってきて、それを私が言葉に変えるっていう感じかな。「あ〜そういうことね」っていう理解を言葉に変えるって作業は、結構大変なんですよ、これが。写真を見たら、たくさんのことが一度にすぐわかるじゃないですか？　でも、その写真を言葉で誰かに説明しようと思ったら、何をどこからどう説明すればいいか迷うでしょ、そんな感じです。

私は歴史には詳しくないから、伝えてくれることをネットで調べながら言葉にしていきました。

そして、さくやさんが過去の場面を見にいくっていうことも、私にはよくわからないけど、時間は、過去と現在と未来の三本の流れになっていて、現在から見ると過去は過去なんだけど、過去のその時間から見るとそれは現在で、現在として存在しているそうです。そして、過去から見ると現在は未来ということになるそうで・・・って書いてもチンプンカンプンですけど、結局、何が言いたいかと言うと、私たちから見たら過去にあたる時間（それは終わった過去ではなく、現在進行中の過去）にさくやさんがフォーカスして見にいってくれるって感じらしいんです。

たとえば、信長さんにインタビューしている場面があるんですけど、それはもう死んでしまった信長さんと話をしているんじゃなくて、（過去だけど、信長さんにとっては現在で）生きている信長さんと話をしているということになるんです。

時間は直線だと教えられている私たちには理解できないけど、でもリアルに信長さんのエネルギーを感じられるから、なんかそうなんだろうなって思うんですよね。だから頭ではわからないけど、さくやさんが教えてくれる歴史は本当だって信じられるんです。

あつしさんのブログ「破・常識あつしの歴史ドラマブログ！」も、この方法で書いていたんですね。でもこの方法だと重い波動の時代にフォーカスするのが、さくやさんにとって辛いそうなんです。特に明治維新以降は、そうとう大変だったみたいなんです。

私たちにはそんなことわからないじゃないですか。だから、明治維新のことをあれこれ聞きたがるわけです。平和な江戸時代からどうして明治維新が起きたのかとか、明治維新以降も何がどうなって今に至っているのかということも、ブログで書きたいってお願いしたんですね。

そしたら、さくやさんのドラコニアンのお友だちから、

「あなたたち、さくやのことも考えなさい。さくやがどれだけ大変かわかってるの？」

って叱られてしまいました。それを言われちゃあ、ムリを言うこともできず、歴史に関しての記事は、明治維新前でやめておきましょうということになってしまったんです。

そんな経緯があったので、歴史の本を書きたいとは思いながらも、さくやさんに負担をかけてしまうかもしれないと躊躇していたところも正直ありました。

でも、書きたい。どうしようって思いながら、

「さくやさん、私たち歴史の本を書きたいんだけど、どうですか？」って聞いたんです。

「いいわよ」

「でも書くなら、戦争とかが続いていた弥生から江戸までの重い時代や明治維新以降のことも書かなければいけなくなるけど、そしたらさくやさんの負担が大きくなってしまうんじゃないですか？」

「大丈夫、さくっと見にいって、すぐに意識を戻すから心配しないで。真実の歴史がわからなければピラミッド社会から離れることができないんだから、しっかりと書いてね」

って言ってくれたんです。

それで何も心配することなく、書きたいようにただひたすら書いていきました。


この本の締め切りが二〇一八年一月末。

予定だと四月後半くらいに出版されて書店に並ぶと聞いてワクワクしてたんです。

最終稿を出してしまったら、もう私たちにできることはありません。

あとは出版社にお任せで、実際に本になって手に届くまで待つだけです。

とは言ってもね、いつもならば校正のことで相談を受けたり、表紙のデザインを見せてもらったり、最終的に印刷にまわす前の原稿（ゲラ）が届いて、チェックするという作業があるのに、三月中旬になっても何も社長から連絡がないんです。四月後半に書店に並ぶには、もうそろそろ印刷を始めなきゃいけない時期じゃないのかな？　なんかいつもと違うな、変だな、って、だんだん心配になってきた頃、社長から、

「少しご相談があるんですが」って連絡がきたんです。何か本のことでトラブルでもあったのかな？　どうしたんだろう？　って思いながら社長にお会いしたら、

「突然のことで申し訳ないんですが、予定通り本が出せなくなってしまいました」って！

「どういうことですか？」って聞いたら
「正直にお話しさせていただきますと、出版社が倒産することになりました」

「えっ？　えっ？　えぇぇ～。社長の出版社が倒産ということですか？」

「はい、残念ですがそういう判断をしました」

「じゃあ、書いた歴史の本は？」

「はっきり言って、今はお二人の本を出すお金がありません。申し訳ありません。でも、必ず出しますので」

「必ず出すって言っても、いつですか？」

「それはわかりません。でも、必ずいつか落ち着いたらお金を作って出しますので、それまで待っていていただけますか？」

もうショックでね。しばらく何も言えませんでした。

「なぜそんなに急に？　だって歴史の本を出しましょうって言ってくださったときは、そんなこと何もなかったんですよね？」

「まだ大丈夫だと思っていました。でも、取引先の事情から急に資金繰りに困って」

「・・・・・・」

「でも、必ず出します、ちょっと考えていることがあるので、それがうまくいけば本を出すくらいの資金は調達できると思うので少し時間をください」

ということで、その日は、この話はいったん終わりにして社長は帰っていかれました。

何も言えない私たち。

「どうする?」

「どうするって言っても、出版社が倒産したんだから、俺らには何もできないよ」

「じゃあ、本は?　出ないってこと?」

「でも、社長が必ず出すって言ってるんだから待つしかないんじゃない」

「全部書き上がってからこの話はないよね」


しばらく待つって言ってもね、いつまで待てばいいのか?

もしかしたら出せなくなる確率も高い。何とかならないか?　でも社長からの連絡を待つしかないって、やきもきする気持ちで二週間ほど待ったある日、社長がサロンにいらして
「うまくいきませんでした。もう少し動いてみるつもりですが、出版の資金ができるかどうかわからなくなってきました、申し訳ないです」と頭を下げられてしまいました。

「終わった・・・」って私が思ったそのとき、あつしさんが社長に向かって、

「資金の問題だけですか?」って聞くんです。社長は、

「そうです、資金があれば本は出せるんですが・・・」と答えた瞬間、

「俺たちが資金を出します」って言ったんです。

「え？　えぇぇ〜、あつしさん、何言いだすのよ、そんな話、私、聞いてないよぉ〜」って心の中で叫んでいたときに、社長が、

「そうか、その手があったか、資金を出していただけるならば本にすることはできます」

「具体的にどのくらいかかりますか？」

「すぐに帰って見積もりを出します」って！

私にとってはびっくりの急展開。社長が帰った後に、
「そんなこと考えてたんだったら、社長に会う前に、どうして私に前もって話をしてくれなかったの？」って聞きましたよ、ちょっと口調強めにね。そしたらね
「俺、そんなこと何も考えてなかったんだよね。社長と話してて勝手に口が動いてた。まさか資金を自分たちで出すって言いだすとはね、びっくりだね」って他人事みたいに無邪気に笑うんです。
「やっぱり、こいつはバカだったぁ〜〜」と天を仰いだミナミです。

でもね、急にそんな話をはじめたあつしさんにちょっと文句はあるけど、まぁそれで本が出せるならそれもありかも。だけど、だけど、本を出すのにいくらくらいお金がかかるのか、さっぱりわからない。

私たちだってそんなにお金があるわけじゃない、どうなるんだろう？　って思っていたら社長から見積もりが。う〜ん、ぎりぎり出せるか出せないかわからない金額。また微妙な金額、簡単に出せるなら問題なく進めるし、全く出せない金額ならあっさり諦めもつくのに。私たちっていつもこうなんだから。ほんとイヤになっちゃう。

これは見積もりだから、もしかしたらもっとお金がかかることが起きてくるかもしれない。そうなったら、これ以上はムリだし、途中で資金がなくなったらそれまでだし、出し損のうえに中途半端にでき上がった本も負債になってしまう。

もし、本が思ったように売れなくてマイナスなんてことになったら、このお金はサロンを経営していくための資金でもあるから、それがなくなったらサロンも行き詰まることになる。一か八かの勝負！

ホント、あつしさんといるとこんなことばっかりなんだからぁぁ〜。

「どうする？」「どうする？」「どうする？」

この言葉ばかりが頭の中をぐるぐるとまわります。

「俺は出したい」

「私ももちろん出したい、でも」

「心配や不安はわかるけど、可能性がないわけじゃない。できる可能性のほうが高い、なら、やろうよ、可能性がないならやめるけど、可能性があるのにやめたら後悔すると思うよ、これは一か八かの勝負じゃない、ギャンブルじゃないよ。ちゃんとしたビジネスだよ。できるよ」

「う〜〜ん」と唸る私に、収支と今までの本のデータからの売り上げ予測を数字にして見せてくれるあつしさん。数字を見るとムリじゃない気がしてくる。

「そうだよね、やらないで後悔したくないよね。よし、やろう！」ってことになり、すぐに社長に電話して、

「本を出したいと思います」って連絡しました。

そして、また恐ろしい一言があつしさんの口から。

「私たちが資金を出すということならば、私たちの好きな本を出してもいいですね」

「もちろんいいですよ」


これまでは最終稿を出したら、あとはお任せで何も携わることができなかったんです。

本のタイトルも表紙のデザインも中のイラストも、あとからこんな感じになりますって教えてもらうだけで何も言えなかったんです。


実は書く前から本のタイトルを決めてたんです。

「日本列島から日本人が消える日」

タイトルを決めてから本を書きはじめるという破・常識な私たちでございます。

この本はただ歴史を書くだけじゃなくて、真実の歴史がわかったうえで、じゃあどうすればいいかという解決策を書いていきたいと思ったんですね。

ただこれが真実です、今まで嘘の歴史を教えられていたんですっていうだけじゃ書く意味がない。こんな腐った世の中からそっと離れるにはどうしたらいいか、そこを書きたいという強い思いがあったんです。

社長にも書く前にこのタイトルはお伝えしました。これで出したいって。

でも、やっぱり良い顔はされませんでした。ですよねぇ～。

「ちょっと刺激的すぎませんか？　このタイトルだとターゲットが難しくなりますね。ま、タイトルは私も考えておきますので、とにかく書いていってください」って言われていたんです。

「やっぱり違うタイトルになるのかなぁ～、これでいきたいよね」って。

だから、正直これはチャンス。好きなタイトルをつけることができるってことで、社長は良い顔しないけど、これでいこうって決めました。もしかしたらタイトルが刺激的すぎて売れないかもしれない、でも、それでもいいって覚悟してこれに決めました。

「俺、この本、刺激的にしたいんだよね。無難な感じにすると、みんなの目に留まらないでしょ。だから表紙のデザインもタイトルと同じくらいインパクトのある感じにしたい」

って言いだして、真っ赤なデザインを考え出したんです。

「真っ赤？」お会いしたデザイナーさんもびっくり。

「青い宇宙に浮かぶ真っ赤な地球から日本列島が浮き上がってくる感じ、でどうですか？

赤もこんな感じの赤で」って、デザイナーさんに赤のイメージを伝えるために消火器とか、
銀行の看板とか、あつしさんの靴を撮っておいた写真をお見せすると、

「この赤ですか？　う〜ん」って唸るデザイナーさん。

自分の頭の中にあるイメージを一生懸命説明するあつしさん。

その横で何とも言えない顔をしている社長。

しばらく悩んだ後、デザイナーさんがチャッチャチャッチャやって、

「こんな感じでどうですか？」って軽くイメージデザインを描いてくれたんです。

「あ〜、こんな感じなんですけど、日本列島はグラデーションでぶわ〜って浮き上がるみたいな感じになりませんか？　ここはもうちょっとシュッとした感じで」と無茶を言うあつしさんに、

「ぶわ～、ですか、じゃあ、こんな感じでいきますか？　光った感じだとぶわ～感が出るかもしれませんね」とすぐに書き直してくれるんです。何度かそんなやり取りをしてから「わかりました、何となくイメージはできてきましたので、いくつかデザインを起こしてお見せしますね」って、さすがにプロ、すごい。

あのあつしさんの説明、「ぶわ～」とか「シュッ」とかでわかるんだぁ～って、変に感心して帰ってきました。

社長は何も言わず、ただ苦笑いだけでした。きっと、こんなド素人が考えた本なんて売れないよって思ってたんじゃないかなぁ～。

数日後、でき上がってきた四パターンの表紙デザインを見て、

「・・・これは、すごい・・・」としか言えなかった私。

「これこれ、こんな感じが欲しかったんだよね。デザイナーさんも楽しんで描いてくれたのがよくわかる。楽しいエネルギーが乗ってるよね」って喜んでるあつしさん。

「マジですか？　マジでこれで出すの？」

「どうして？　ものすごくインパクトがあっていいじゃない」

「いや、確かにインパクトはあるけど」

「今回の本はインパクトで勝負しよう。それにはこのデザインは最高にいいじゃない」


本の内容に関しても編集に関しても二人で相談して決めますが、基本的に本を書くのが私ミナミで、編集作業はあつしさんなんです。

あつしさんは書くよりも編集のほうが好きで、私は編集作業よりも書くほうが好き。担当するところは違ってもお互い感性が似ているからとてもやりやすいんですね。

ただ、この真っ赤な「ザ、男！　男が創ったデザイン！」っていう感じの表紙は、女性に対してどうかなってちょっとだけ心配になりました。

だからと言って私には他にこんなのがいいと思うアイディアもないし、タイトル自体が厳ついんだから表紙もある程度は厳つくなるよねとは思っていたので、二人で話し合ってあつしさんのデザインでいくことにしました。

四月下旬から二ヶ月遅れましたけど、何とかこうして念願の歴史の本を出すことができました。インパクト大の厳つい本ってことでちょっとと言うか、かなり心配しましたけど、おかげさまで順調に良い結果を出すことができホッとしました。ただやっぱり、「欲しいと思って本屋さんに行ったけど、あまりの厳つさに手に取ることができなかったじゃない」と女性のお客さまから言われたり、書店さんからも「最初、びっくりしたよ」って笑われましたけど、ま、インパクト重視の本ですから、それはそれで成功です。

順調に結果が出て重版も決まり、「ここからだね、この本をどうやって広めていこうか」って二人で話をしてたんです。出版社は相変わらず宣伝には消極的なので自分たちでやるしかない。「どうやって宣伝する？　お金はもうないからお金をかけずに宣伝する方法ないかな？」って考えて、はがきサイズの販促ポップを作って書店さんに営業に行ったりしました。とにかく地道に地道に書店さんに営業しました。と言ってもすべての書店さんに行けるわけもないので大手の書店さんだけですけど。このときにまわった書店さんとの繋がりが後々大きな力になってくれることになるなんて思いもしなかったです。

そして、この営業まわりで、もう一つの大きな出会いがありました。

この出会いに関してはまた後ほどお話しします。

こうして営業をしてまわった成果か、「ザ・男」のインパクトあるタイトルとデザインのたまものかわかりませんが、おかげさまで順調に伸びていったので、社長に再度の重版の話を持っていったんです。絶対にＯＫが出ると確信していた私たちに

「もう少し様子を見ましょう」っていう答えが返ってきました。

「どうしてですか？　ほとんどもう在庫がなくなっているし、伸びている今がチャンスだと思うんですけど」

「この本はよく伸びたと思います、正直こんなに伸びるとは思っていませんでした。でも、ここがピークだと思います。ここで重版して在庫が残ると倉庫代とかかかってくるし、断裁にもお金がかかるので慎重に行きましょう」って。

もうこれ以上は期待できないという姿勢なんですよ。

「これは経験上からのアドバイスです」って言われても、そんなのわからないじゃないですか。やってみなきゃわからない。

どうしても納得できずに何度も話をしたけど、

「慎重に行きましょう」という答えしか返ってこない。


なぜ重版してくれないかがわからない。重版分の資金も私たちが出すんです。

なぜ？　自分たちが資金を出すのに出版社がＯＫしなければ重版もできない不自由な立場。

悔しかったです。重版すればもっとたくさんの方にこの本を読んでもらえるのに。

もっとたくさんの方に真実を伝えることができるのに。

書店さんに営業に行くと、

「重版はいつですか？　たくさんの問い合わせがあるんですよ。うちにも在庫がなくて困っているんです」っていう声をあちこちでいただいているんです。

現場の生の声を聞いてまだまだ大丈夫だと確信しているのに、重版ができないんです。

「なぜ？」という言葉しか出ませんでした。今がチャンスなのに、今を逃したら時期を逸してしまうとイライラしていたところに社長から、

「書店からの問い合わせがすごいです。こんなに反響があるとはびっくりしました。重版しましょうか」って連絡があったんです。

でしょ、そうでしょ。やっとわかってもらえたんだ、と思って嬉しくなって、

「五千部くらい重版しますか？」って聞いたら、

「それは無謀ですね。そこまではいかないと思います。もっと慎重に千五百部くらいにしておきましょう、それくらいが妥当だと思います、経験上」って。

その答えを聞いたときにあつしさんがブチ切れた。我慢の限界を超えてしまった。

「もういいです。出しません。これで終わりにします」って言っちゃった。

ムーの波動の流れをくむ土地　海外編

本のことですったもんだしていた間も、私たちはワークショップで日本全国あちこち行かせていただいておりまして、その帰りにちょっと時間を作って「じょうもんの麓」の土地を探していました。

ここでちょっと話は逸れますが、土地を探しながら並行してやっていたことがあるんです。それは縄文の暮らしのヒント探しです。

どういうことかというと、軽い波動をテラに定着させるために縄文の人たちが世界に散らばっていってくれたって話を、さくやさんから聞いていたので、じゃあ、その場所へ行ってみようと思ったんです。どこかに縄文の波動を持つ場所や人たちがいるかもしれない。その人たちと会って、そのエネルギーを感じたら「じょうもんの麓」の何かヒントがもらえるかもしれないと思ったんです。

まず、ムーの波動の流れをくむ土地がある太平洋。

まずハワイかなって思ったけど、ハワイは行ったことがあるし、行った所や聞く話にはあまり縄文は感じなかった。他にどこかあるかなって思って探していたら、親日国であるパラオはどう？　ってことになったんです。パラオは昔から日本と付き合いが深いし、国旗も日本を意識して作ったという話も聞いてたので、ここならまだ何か縄文の人たちの名残が残っているかもしれないって思ったんです。で、行ってきました。

街にはあまり縄文は感じなかったけど、人はとても親切でした。でも、縄文の暮らしという感じではなかったです。

ただ、山の上にある遺跡は面白かったです。

ストーンモノリスって呼ばれているイースター島のモヤイ像を小さくしたような石柱が、何体もありました。モアイ像のように顔に見えるのは何体かだけで、あとは普通の石でしたけど。この遺跡は何のために誰が創ったか謎だそうですが、私が石たちに聞いたところでは、この遺跡はムーの人たちが創ったそうです。

ムーの頃は平たんな場所だったそうですけど、例のアトランティスの人がやってしまった実験で、その辺の土地が盛り上がり山になったそうです。だから沈まずに残っている。それを話してくれた石たちは、何だか悲しそうでした。

そうですよね。ムーが沈んじゃったんだから。よく聞き取れなかったんですけど「取り残された」的なことを言っていたような気がします。これがパラオでの一番心に残ったことです。あまり「じょうもんの麓」のヒントにはならなかったですけど。

でも、行ってみてよかったって思いました。


次の年に行ったのがブータンです。

チベット、ブータンあたりに縄文の人たちが行ったって、さくやさんから聞いていたし、それに世界で一番幸福な国って言われているし、どんなガイドブックを見ても子どもたちがニコニコ笑っていて楽しそうな写真ばかりだし、ブータンのことを書いている本を読んでも人々は本当に幸せだって書かれてるし、それに顔が私たちにそっくり。

隣の山田さんのお父さんや、高橋さんちの娘さん？　って思うくらいそっくり。これは縄文の人たちの子孫に違いない、ならば暮らしもきっと縄文の人たちみたいなんだろうって大きな期待を胸に行ってきました。


しかしブータンは遠い。

ブータンへの直行便はないので成田からバンコクを経由して行くんですけど、バンコクでの乗り継ぎの時間やバンコクを出てインドのコルカタに一時間ほど寄港してからブータンの空港に着くというルートなので二十時間くらいかかりました。着いたときはもうヘロヘロでした。

ブータンの詳しい旅行記は、私のブログで書いていますので、ご興味のある方はぜひお読みくださいね。

まずブータンの大きな街について感じたことは、あまり良い意味ではなく、高度経済成長期の昭和の頃の日本の雰囲気。もっと牧歌的で、良い意味で昭和の頃の日本みたいなのかなって思ってたんですけど、実際に行ってみたら、とにかくここはどこ？　って思うほどインド系の外国人ばかり。街はどこも建築ラッシュで夕方になると街の至る所にインド系の外国人がいる。昔は鎖国のような状態だったブータンも近隣の国の圧力に逆らえず国王が近代化へと舵を切ったそうで、経済にも力を入れはじめたとかで、近隣のインドなどから働きにくる人が増えたんですって。ガイドさんは本当に大きく変わってしまいましたって悲しそうに言ってました。経済よりも国民の精神的な豊かさを誇っていたブータンも経済成長の波に飲まれつつあるようです。日本のたどってきた道ですね。

あと、もう一つ大きな違和感を感じたのは宗教でした。

ブータンは熱心な仏教国だということは聞いていたんですけど、思っていたのとは大きく違いました。仏教の教えから命を大切にするという話、たとえば蚊も殺さないという話を聞いていたので、こういう所からも幸せの国と呼ばれているんだろうなって思ってたんです。でもね、蚊を殺さない理由にちょっとびっくりしたんです。

それは蚊の命を大切にして殺さないのではなく、命を取る（殺す）ことで自分の来世が悪くなると信じているからなんです。蚊を殺すことによって自分は仏教上の罪を犯したことになり次に人間に生まれることができなくなるということらしいんです。

生物の中で人間に生まれるということは素晴らしいこととされていて、人間のときに悪いことをした人が獣や虫に生まれ変わってしまうんですって。だから、虫も殺さない。

犬は次に人間に生まれ変われる動物だから、ブータンでは犬をとても大切にするんです。犬を傷つけたりしたら今度自分は人間、犬より下のものに生まれ変わらなければならないからとても大切にするということです。

ちょっと、それって何だかな？　って思いました。命を大切にするということよりも自分の次の来世のためってことでしょ。

アシュタールやさくやさんから死後の話や輪廻転生はないって聞いている私は、宗教って何？　って思った次第です。そして、至る所でお年寄りたちがマニ車を一日中まわしている姿が見受けられました。マニ車って一回まわすと一回お経を読んだことになるそうで、これをまわすことで、人生で犯した悪いことが消去されるんです。だから、まわせばまわすほど罪が軽くなるので、次もまた人間に生まれ変われると信じる人々は、年を取ったらずっとそれをまわすことが日課となるみたいです。

でもね、マニ車をまわしている人たち、楽しそうじゃないんです。何かつまらなさそうにただただまわしてる。これが幸せの国の実態？　宗教ってすごいなって思いましたね。

これに関しては大きく価値観の違いを感じました。


経済成長と宗教。ここに縄文の暮らしは残っているのか？　でも、これは大きな街の話で地方に行けばまだ昔のブータンの人たちの暮らしがあるかもしれないと思い、最初に訪れた街を出て、地方へ行きました（これは最初から旅行社に頼んでいたルートです）。

街から車で約四時間かけてたどり着いた村で見た風景は、すごく牧歌的で人々もとても素朴で素敵な方たちばかりでした。民家に泊まらせてもらって肌で人々の暮らしを感じられた経験はとても大きな体験でした。

ここには街で感じたほど宗教的なものもあまり感じませんでした。そういえばマニ車も見当たらなかったです。牛も飼っていましたし。でね、面白かったのが牛の放し飼いです。朝お母さんが牛乳を搾ったあと放すんです。牛は好きな所に草を食べにいく、そして、夕方になると自分で帰ってくるんです。夕方になると牛たちが家に向かって歩いていくという面白い光景でした。家を間違わずにちゃんと帰ってくるんですよ。

そういえば馬も一頭で歩いてました。ノラ馬かなって思ったけど、そうじゃなくて放し飼いだそうです。日本じゃ絶対に見られない光景ですよね。もちろん犬も放し飼い。そして、子どもたちも自由に裸足で駆けまわってました。学校へ行く中学生や高校生くらいの子どもたちも私たちを見たら人なつっこい笑顔で手を振ってくれるんですよ。

ちょっと前の日本もこうだったのになぁ～って子どもたちの笑顔を見て懐かしくなりまし

た。今の日本だとみんな知らない人を警戒して笑ってなんてくれないですよね。大人が声をかけるだけで不審者扱い、寂しいものです。

日本でブータン専門の旅行社に頼み、旅行の日程を組んでもらったんですけど、そのスケジュールは二泊の民泊とお城とお寺まわりばっかりだったんですよ。

あのお城、このお寺って毎日お城やお寺や仏教的な建物ばかりで飽きちゃった私たちは、もうお寺はいいから別の所、実際のブータンの人の生活が見られるところに連れていってほしいって、ガイドさんに究極のわがままを言ったんです。

急にそんなことを言われても・・・って言いながらも一生懸命考えてくれたガイドさん。じゃ、私のおばさんのところへ行きましょうって、おばさんのお家に連れていってくれたんです。

「急に外国人を連れてこられても困るんじゃないですか?」って聞いたら、大丈夫ですって笑って連れていってくれました。

おばさんは農家で、私たちが着いたときはちょっと離れた畑で仕事をしていて、おばさんはいなかったんですけど、勝手に家に入っていくガイドさん。

そして、しばらくすると、おばさんと何人かの親戚が畑仕事から帰ってきたんです。

もちろんガイドさんから私たちのことは連絡があったと思いますけど、イヤな顔ひとつせず受け入れてくれました。

そして、いつも食べているお昼ご飯を、ガイドさんと一緒に作ってくれました。


おばさんは午後からまだ仕事があるんだけど、ちょっと飲んじゃおって言いながらバーボンを美味しそうに飲んでました。

「あなたも飲む?」って誘われたけど、この後車で三時間かけて帰らなければいけないし、昼からバーボンはさすがにちょっときついのでお断りしました。

そしたらね、あ、そ、って感じでサクッて引くんです。

何か日本だとここでもうちょっと押してみたり、自分も遠慮して飲むのをやめたりするじゃないですか。そ、あなたは飲まないのね、でも私は飲むよって感じ。何かいい、この緩い感じ、好き、って思いながらお昼ご飯をいただいたんですけど、特にお客さんがいるから頑張ったみたいな感じもなく。本当にずっと前からの友だちがきたみたいにもてなしてくれたんです。言葉は全く通じない、でも、何か心で通じる温かいものを感じ、ご飯を食べながらあつしさんは泣いてました。きっと何がどうだかわからないけど、何か感動したんですね。

そしてね、ご飯も食べ終わって、家の中も案内してもらって、そろそろお暇しようかというときに感じたんだけど、すごくあっさりしてるの。また明日も会えるよねっていうくらいの挨拶でおばさんたちは畑に戻っていきました。

すごくあっさりしてるけど、とても深いところで繋がった感じがしたんです。

それっきりお会いすることもできないけど、思い出すと、あのときの温かい気持ちがよみがえってくる。

これが縄文の人たちの付き合い方なのかな？　って思ったんです。

ご飯はもちろんめちゃくちゃ美味しかったです。
おばさんたちが畑で作った赤いお米（軽くてふわふわしてるんです）にエマダチっていう唐辛子とチーズの煮込み料理や野菜の和え物や卵の料理。もう一度食べたいです。

そういえば、おばさんの家に行くのに車から降りて（車が通れないほどの狭い道を行かなければいけないので）、十五分ほど歩いていたら、女性が一人畑にいて、私たちを見つけてガイドさんに「どこに行くの？」って話しかけたんです。ガイドさんが、この先の自分のおばの家に行くって言ったら、おもむろに（日本ではあまり見かけないひょうたんみたいな形の）野菜をいくつか手渡してくれたんです。「あげる」って感じで。突然でびっくりしたけどせっかくだからいただきました。それをおばさんに渡したら「誰だろう？」って考えてたみたいだけど、わからなかったみたい。そのくらいのお付き合い？　それか近所でもらうことが多すぎてわからなくなってる？　で、どうするのかなって思ってたら「ま、いっか」ってポイってその辺に置いたんですよ。

美味しそうだから今度食べようってガイドさんに言ったみたい。

私だったらきっと、くれた人を探してお礼を言わなくちゃって思うだろうな。そして、何かお返ししなきゃって思うだろうな。それってしんどいなって思っちゃうだろうな、なんて考えてしまいました。

だから、いいな、いいな、こういう環境。こんな感じの人間関係が作れたらいいなって本気で思いました。


ガイドさんの話によると東ブータンにはもっと昔のブータンの暮らしが残っているそうです。一度東ブータンに来てくださいって誘ってもらったんだけど、なかなか時間が取れなくて、行ってみたいと思いながら行けていない状況です。

こういう経験をさせてもらって、やっぱりちょっと前のブータンは幸せの国なのかなって思いました。「じょうもんの麓」もこんな感じで緩く深く、それでいてあっさりした関係を築けるところにしたいなって思った次第です。

さくやさんが教えてくれる、自立した人が横並びで繋がる社会ってこんなかな？　ってちょっとだけだと思うけどわかった気がします。

ブータンから帰って一年後、今度はイタリアに行ってみることにしました。

イタリアと縄文？　って思ったんですけど、縄文の人たちが、ローマ帝国ができる前のイタリアに行ったらしいんです。そこで縄文の人たちの足跡を訪ねて行ってみようということになりました。

まず、最初に縄文の人たちは、ローマあたりに住んでいたそうです。

だからお風呂に浸かるという習慣がないローマ人がテルマエというお風呂を作ったんです。

縄文の人たちは、温泉に浸かる習慣がありました、だからローマでもお風呂を作って浸かっていたんです。その習慣がローマ帝国にも残っていたってことなんです。

イタリアに行った縄文の人たちは、ユダヤ人と呼ばれていました。

ユダヤ人（縄文の人たち）が住んでいた所にローマ人がやって来たんです。

そしてご多分に漏れずローマ人にどんどん追いやられていき、縄文の人たちは北へ移動していくことになりました。
ローマからフィレンツェへ逃げ、最終的にベニスに行ったそうです。
海だった所に木を使って浮島のようなものを作ってそこに住んだんですって。
そこは縄文の人たち、自然と寄り添う形で海と共存していました。
そこへユダヤ教の人たちが入ってきて訳がわからなくなっていったんです。

ローマ人でユダヤ教を信じる人たちもユダヤ人と呼ばれるようになっていき
縄文の人たちのユダヤ人とごちゃごちゃになって今に至ってる状態なんです。
だからユダヤ人とユダヤ教を信じるユダヤ人は、顔が違うんですよね。
でベニスにいた、縄文の人たちであるユダヤ人はどうなっていったかというと・・・ここ
では長くなりますので、興味のある方はブログでお読みいただければと思います。
どうしてユダヤ人のイメージがあまり宜しくなくなったかということも書いてありますの
でぜひご参照ください。

ということでイタリアでは、ブータンのときのように地元の人たちと深くお付き合いすることもできませんでしたが、ローマに行った縄文の人たちの足跡を、さくやさんのガイドでまわってくることができました。面白かったです。

最後に日本ではお目にかかることがない情景に驚きました。

それはローマの駅に普通にマシンガンを持った兵士が何人も見回りをしていたことです。普通に肩にマシンガンをかけて、仲間と笑いながら歩いているなんて、絶対に日本ではありえない光景ですよね。ローマの駅はスリなどの犯罪がとても多いそうなんです。にしてもマシンガンですよ。すごいですねぇ～、実際に行ってみないとわからないことがたくさんあります。

旅行は楽しいし、たくさんの刺激を与えてくれます。もっといろんな所に行きたいけど、今の状況（二〇二一年の状況）では、飛行機に乗るのもマスクをしないとダメだとか言われるし、（航空会社によってはワクチンを打った証明書がないと乗せてくれない所もあるし）着いたら二週間ホテルに隔離されてから観光しなきゃいけないらしいし（国によって違うと思いますが）、日本に帰ってきたら、また検査されたり、二週間、隔離されたりだから、そんな時間取れないし、検査されるのもイヤだし、二週間もホテルに缶詰で隔離されるなんてありえないし、ということで簡単に行けなくなりました。ものすごく残念です。なんでこんなつまらないことになってしまったのか、ホントに腹が立ちます。ただの超弱毒性のウイルスなのにね。そんなウイルスがあるかどうかもわからないのにね。おかしな世の中です。

「じょうもんの麓」のヒント探しの旅は、こんな感じです。一気に書きましたので時間は前後します。

「じょうもんの麓（ふもと）」を創るぞ大作戦

では、土地探しの話に戻したいと思います。

とりあえず何も考えず、瀬戸内海とか条件もつけず、頭をまっさらにして、いろいろ見にいってみようと思ったんです。いろいろ行きました。札幌のワークショップの後は、富良野、小樽を見にいきました。富良野は土地がたくさんあって、ドラマ「北の国から」のロケ地とかすごく素敵、小樽は、ノスタルジックな感じで素敵、でも、寒い。やっぱり寒い。仙台や秋田、長野もお邪魔しましたけど、やっぱり寒い。私たち寒いのが苦手なんです。北海道とか寒いのは最初からわかってるじゃないって突っ込みを入れながらも、でももしかしたら気に入るところがあるかもしれないと思ったんですけどね、やっぱりムリ。

じゃあ暖かいところ、ということで和歌山（南紀）や近くでは真鶴、三浦半島も行きました。どこも素敵なんだけど、どうもピンとこない。

大阪の帰りに今度はどこに行ってみようかって考えてたら、そういえば淡路島って行ったことなかったよねって話になり、行ってみることに。

神戸出身の私としては、淡路島はとても身近な所なんです。小さな頃から父に潮干狩りや釣りによく連れていってもらったり、学校の遠足や合宿で行ったり。あまりに身近だったもので忘れてたんですよ。灯台下暗しってやつですね。

島と言っても淡路島は結構広いんです。北か南か、迷ったけど最初は南淡路から。淡路島はサイクルロードとかあって自転車でまわる方たちも多いんです。自転車は大好きです。よくレンタサイクルを借りてあちこち見てまわるんですけど、初めてのこともあったから、そのときは、観光タクシーでまわることにしました。

南淡路から瀬戸内海に沿って北淡を経由して北端の岩屋まで行き、そこから大阪湾に沿って帰ってくるという、ほぼ淡路島を一周するルート。広いわ、淡路島広いわ。思ってたより断然広いわ。自転車で、それもレンタサイクルでまわるなんて無謀だわ。自転車でまわろうなんて思わないでよかったわぁ〜。

まわっている間、タクシーの運転手さんからいろいろ淡路島について教えてもらいました。淡路島って一言でいうけど、瀬戸内海側と大阪湾側では違うんですよ。地元の人は、淡路島の中心を走っている山を「淡路島のチベット」って呼んでるそうな。その淡路島のチベットを挟んで全く気候が違うらしいんです。そりゃ穏やかなのは瀬戸内海側でしょって思ったんだけど、瀬戸内海のほうが海が荒れて寒いんですって。イメージ的には反対だと思ってたからそれを聞いてびっくり。いやぁ〜やっぱり実際に足を運んで見て、聞いてみなきゃわからないものですね。真ん中に山があって違う気候の海があるって、小さな日本列島みたいじゃないですか。そして淡路島には全部揃っていて、お米も野菜もほぼ何でもできるし、魚介類はもちろんのこと、畜産も盛んだそうで美味しいものがいっぱいの島。これって食いしん坊の私には最高じゃないですかぁ〜。

淡路島大好きって思った私たちは、一回目はザっと見るくらいにして、また何度かきてみようって思ったんです。

二度目は淡路島のまん中辺の宿に泊まり、その周辺を今度はレンタサイクルであちこち見てまわりました。この宿が最高で、ご飯は美味しいし窓から海が一望できる。温泉も気持ちいい。この辺りに良い所ないかなって思いながら一日中見てまわりました。

海は穏やかで空も広い。とにかく気持ちいい。エネルギーも私たちに合ってるようで、最初から全く違和感は感じない。着馴れた心地良い服みたいに空気がぴったり合う。ここがいい。二人の意見が一致しました。

この辺りでしばらく体験してみたい。どこかに賃貸の物件を借りられないかなって思って次の日に不動産屋へ行ってみることに。

町の中心には大きなショッピングセンターがあって生活するには困らない。ただショッピングセンターからちょっと歩いた辺りにある商店街があまりに物悲しくて辛くなりました。きっとちょっと前まではここが中心で住人が毎日のお買い物に来てにぎわってたんだろうなって思うと悲しくなるくらい廃れている。

閉まったシャッターしか目に入らない。ここがまたにぎわうようにできたらいいな、私たちに何かできないかな、なんて勝手に考えてみたりしながら歩いていると大きな不動産屋が見えてきました。

きっとこの辺りでは一番大きな不動産屋なんだろうなって思ってちょっと入ってみることにしたんですが、入ったとたんにものすごい違和感。何この雰囲気。

ここ不動産屋だよねって壁やドアをもう一度確かめたけど、たくさん物件の情報が貼ってあるから確かに不動産屋であるのは間違いない。

何？　この雰囲気は？　え？　私たち無視されてる？　この店はお客さんを無視するのかな？　って思って出ようとしたら、奥のほうから仕方なさそうに店の人が出てきて、

「何か?」って言うんです。

「いや、この辺に賃貸物件はないかなと思って」

「賃貸ですか? ほとんどないですね」とけんもほろろな対応。

「あれ?」 淡路島の人たちってこんなだっけ? 今まで出会った人たちは、すごく親切だったし優しかったたし、イヤな対応されたことなかったのに。

もしかしたらよくある例の話なのかな? 旅行者とかにはいいんだけど、移住とかで中に入ろうとしたら嫌がられる、あからさまに拒否されるって話、移住体験とかでよく聞くよね。それなのかな? よそ者に入ってきてほしくないってことなのかな? それじゃあここもダメじゃん。地元の人に拒否されたら移住なんてムリだよね、ってちょっと憂鬱な気分になった二人です。

いや、この店だけだよ。きっと違う不動産屋は大丈夫だよって思って、そこをさっさと出て違う不動産屋に行くことに。

さっきの不動産屋よりは小さいけど、でもきれいでしっかりしてそうな所があったので入ることに。さっきほどの違和感はないけど、でもあまり歓迎されていない感じはする。

でも、外に貼ってある物件が気になったので
「この賃貸物件を見てみたいんですけど」って言って見せてもらうことにしました。

町の中心からちょっと離れた所にあるその物件は築年数も浅いし中もきれいでよかったんですけど、どうもピンとこない。う～んって躊躇する私たちに
「やっぱりね」っていう顔をする不動産屋を見て、もしかして旅行者の暇つぶしって思われたのかなって思ったんです。本気で借りる気もないのに冷やかし程度で見せてもらってる的な？　そう言えば岡山で移住体験しているときに、近くの八百屋さんに言われたことがあるんですよ。

「本気で移住する気ないんでしょ？」って。

「えっ？　本気ですけど、どうして？」

「たくさん移住希望者が体験住宅にくるけど、本当に移住した人いないんだよね。移住なんて考えてなくて、体験住宅を安い宿泊設備だと思って旅行のために使う人たちもいるし」

っておっしゃったのを思い出しました。

地方は人が少なくなっているから本気で移住者を求めているって移住サポートの方の話も聞いたことがあります。本気で移住してもらいたいって思っている方たちにしてみれば体験住宅を、安く旅行するために使われるなんてイヤですよね。

がっかりもしますよね。やっぱりお前もか、って思い心を閉ざしてしまいますよね。

もしかしたら淡路島の不動産屋もそうなのかもしれない。

もしかしたら観光の暇つぶし、興味だけで賃貸物件を見にくる人も、今までたくさんいたのかもしれないって思うと、私には関係ないけどなんか申し訳なくなってしまいました。

買うっていうことなら本気かもしれないって思えるけど、賃貸だと本気さは感じられないのかも。さっきの不動産屋の違和感もそれだったのかも。

でも、私たちも急にすぐに何もわからないうちに家を買うなんてことは怖くてできない。

まずは賃貸を借りて、そこを拠点に場所を探したり情報を集めていきたい。

こりゃこの先困ったぞ。この調子じゃ借りることできないかもしれない。誰か貸してくれる人オーダー、話を聞いてくれる親切な不動産屋オーダーって心の中で叫びました。

しばらくあてもなく寂れた商店街をぶらぶらと歩いていたら、商店街の端っこに小さな昭和な匂いが漂うレトロな不動産屋が目に入ったんです。そこだけ時代が違う感じ、タイムトリップした？　って思うくらいレトロな建物。

でも、なんか気になるから近くに行ってみたら、小さな窓に貼られているのも、さっき見たような現代的な物件情報ではなく、手書きのコピー？　って思うようなもの。

ちょっと失礼とは思いながら笑っちゃった。ここなんか面白いって思って見ていたら、

「何か御用ですか？」って中から人が出ていらしたんです。

「ちょっと賃貸を探していて」

「賃貸ですか？　うちは売買が中心で、賃貸はあまりないんですけど」

「そうですか、わかりました。ありがとうございます」って去ろうとしたとき
「親戚の家がありましてね」って声をかけるんです。

「親戚の家？」何のこと？　急に親戚の家って言われてもねぇ〜って思ってたら
「ま、中に入ってください、ゆっくりお話を伺いまひょ。どうぞ、どうぞ」ってドアを開けるんです。すごく人なつっこい笑顔で。さっきの不動産屋とのことでちょっとだけ心が

ささくれていた私たちは、その人なつっこい笑顔にホッと癒され、誘われるままに入ってしまいました。

中は、昭和。すごい昭和。笑っちゃうくらい昭和。でも落ち着く。

「どうして賃貸を探していらっしゃるんですか?」という会話から、こんなに一件のお客さんに時間をかけていいの?　って思うくらいゆっくりといろんな話をしてくれて、缶ジュースまで出してくれて、

「そういうことなら親戚の家を紹介しましょう。親戚は売りたいって言ってるけど、もしかしたら賃貸で貸してくれるかもしれないから聞いてみまひょか?」って言ってその場で電話をかけてくれたんですよ。電話したけど親戚の方はつかまらず

「困ったなぁ、でもとにかく見に行ってみます?」

「いや、貸してくれるかどうかわからないなら行っても」って言ったんだけど、

「大丈夫、大丈夫、見にいきまひょ」って私たちの返事も待たず店を閉めはじめるんです。

「え?　閉めていくんですか」

「そうそう、いつもはもう一人若いもんがいるんですけどね、今お客さんをご案内してるから一応閉めていきます」

「え？　いいんですか？」

「大丈夫、大丈夫」って言いながら車に乗り込む方が、この不動産屋の社長だったんです。

社長の車で親戚の方の家に着くと、思ってたよりも大きな家でびっくり。

岡山の体験住宅くらいあったんじゃないかな。

「中は鍵がないから見られないけど、どうですか？」って言われてもねぇ～、中を見ないで、それも貸してくれるかどうかもわからないのに返事できないじゃないですか？

「よかったら親戚に貸すように言いますけど」とまた畳みかけてくる社長。

でもね、中見てないけど、外からちょっと見ただけでも借りるには広すぎる。そして、ピンとこない。場所も中心から遠いし、海からも遠い。いくら借りられそうでも、ここで妥協はしたくない。妥協すると妥協の回路が開くってさくやさんもいつも教えてくれてるし。さくやさんが教えてくれてるのは妥協じゃなくて〝我慢〟、我慢をすると我慢の回路が開いて次にも我慢しなくちゃいけない現実を創ってしまうってことを教えてくれてるんだけど、でも妥協もある意味我慢でしょ。我慢はよくないよね我慢は、って思って、そしてアシュタールもいつも「あなたの一番を選んでください」って言ってるし、う〜んって返事に困る私たちに
「気に入りまへんか、ほなしゃあないですな、いったん店に帰りまひょか、もしかしたら若いもんが何か賃貸の情報持ってるかもしれないから」って、またさっさと車に乗り込むんです。
社長のペースに巻き込まれてしまった私たちもなぜかまたあの昭和レトロな店に帰ることに。店に帰ると〝若いもん〟が帰っていらしてて
「何か賃貸物件知らんか？」って聞いてくれたんですけど
「賃貸はないですねぇ〜」という返事。
「そっかぁ〜、どっかないかなぁ〜」って頭の中を検索し始めた社長が
「あ、」って小さく口にしたんです。その「あ、」を聞き逃さない私たち。
「どこかあるんですか？」

「いや、これは・・・」

「社長、どこですか？」って〝若いもん〟が聞くと、

「あの海沿いの物件やけど」

「ああ、あれですか、でもあれは」

「そうやわなぁ〜」って二人で話しはじめるんです。

社長さん、私たちもいるんですけど、私たちにわかるように話してくださいよ、と目で催促すると
「売りに出している物件があるんですけどね、なかなか売れないですわ。でね、ちょうど昨日ね、これだけ売れないなら賃貸として出してみまひょか？　ってオーナーと話してた物件があるんですよ。そこなら気に入ってもらえるかも、でも、昨日の話で賃貸にするかどうか返事はもらってないからどうなるかわかりまへんけど、どうしますか？　聞いてみますか？」

「どの辺ですか？」って聞いたら地図を出してきてくれて、

「ここですわ」って指さした所が海のすぐそば。

「見たい、すぐに見たいです」

「いや、貸してくれるかどうかわかりませんよ。私からも話はしますけどね」

「とにかく見たいです」って今度はこちらが畳みかけるように頼むと、

「ほな、今から行きまひょか、あとは頼むで」って〝若いもん〟に言って、社長自らの運転でその物件を見にいくと
ビンゴ！　ビンゴ！　ビンゴ！　すごいいい。絶対ここがいい。最高。

「ここがいいです。貸してもらえませんか？」って聞くと
「ちょっと待っててください。オーナーに電話してきますから」って言ってちょっと離れた所で電話をかけてオーナーと話をしている社長を見ながら、

「お願い、社長」って心の中で応援していた私たちです。


「そうですか、わかりました、なら昨日話してた条件でいいということで」って言いながら、私たちを見てにっこりと笑う社長。社長から聞いた賃貸の条件も願ったり叶ったりの好条件。

「やったぁ〜、やった、やったぁ〜」と二人で手を取り合って喜ぶほどこの物件に一目ぼれでした。

オーダーすごい！　ゆっくり話を聞いてくれる不動産屋に、最高の物件を貸してくれるオーナーもゲットできた。オーダーしてよかったぁ〜。これで二重生活をしながら淡路島をゆっくりと体験できると安心して藤沢に戻ってきました。

しか〜し、ここでまた大きな壁が出てきたのです。

数日中に賃貸の契約書が送られてくる予定だったので待っていたのですが、契約書がなかなか届かない。どうしたんだろうって思いながらサロンに行くと、あつしさんが、なんか厳しい顔している。普段あまり見ないくらいの顔で怖い。恐る恐る、

「どうしたの?」って聞くと、

「ちょっと前に社長から電話があって、あの賃貸の話は白紙に戻してほしいってさ」

「なんで?」

「あれから、あの物件を売ってほしいっていう人が現れたんだって。で、オーナーも売り

たいと、だから、貸せないって」

「ちょっと待ってよ、何？　その話」

「だろ、ありえないだろ？」。ものすごく気に入っててものすごく喜んでいた私たちは、それはもう奈落の底へ突き落とされたような気持ちになりました。

「絶対あそこがいい、あそこじゃなきゃイヤだ」

「俺もだよ」

「で、社長はなんて」

「俺がそれはないよな、あなたはそういう商売の仕方をしているのか？　一度ＯＫ出したのにそれはないだろう、って厳しく言ったら、ちょっと待ってください、また電話しますって」

「でも、まだ契約したわけじゃないから、売るって言われたらこっちは何もできないよね、オーナーの都合だから社長もどうしようもないのはわかるんだけど、ひどい話だよね」

「だよな。社長を責めても仕方ないのはわかってはいるんだけど、ついつい厳しく言ってしまったよ」ということで諦めるしかない私たちでした。

また振り出し、もうしばらく気力が出そうにないわ。喜んだ分、落ち込みも大きい。きっともう社長からは電話はないよね。また電話しますって言ったのは、その場限りの言葉だよね、あ~あ、って思ってたら、三日後に社長から電話がきたんです。

「あの物件を買った新しいオーナーが、賃貸にしてもいいって言ってくれました。条件もそのままで貸してくれるそうです」って！

「え？　どういうことですか？」

「新しいオーナーに頼んでみました」

「社長が？　頼んでくれたんですか？」

「はい、だって旦那さん、怒るんだもん・・・」って。

それ聞いて二人で苦笑い・・・旦那じゃないし・・・。

「いや、そんなに怒ってないですよぉ。ちょっと違うんじゃないですか？　と軽くは言いましたけど」

「いやぁ~旦那さん結構怒ってたから、新しいオーナーにお客さんが怒ってるから貸してもらえませんか？　って聞いてみたんです。そしたら、そのオーナーも別に何かの目的があって買ったわけじゃなくて、とりあえず買っただけだからいいですよっておっしゃってね。前のオーナーとお友だちだそうで、その関係で買ったらしいんですよ」という話を聞いてまた二人で大喜びです。

「ありがとうございます、本当にありがとうございます。社長。怒ってすみませんでした」って電話越しで謝るあつしさんに

「いや、私も信用が大事ですからね。信用を失うような商売はしたくないんでね」って笑って許してくれました。よかったぁ〜。

落ち込んでいた分、喜びも倍に感じられます。嬉しかったぁ〜。でも、どうしてこんなジェットコースターみたいな現実を創っちゃうかなぁ〜私たち。

きっと、ものすごく嬉しいって気持ちを体験したかったんだろうね、普通に借りていたらこの気持ちは味わえないから。私たち、とことん刺激的なことが好きみたいです。

我ながら呆れます。

俺、出版社創る　2

これで「じょうもんの麓」は一歩進みましたが、全く進まないどころか、手も足も出ないのが1％プロジェクト、本の出版です。

「もういいです。出しません。これで終わりにします」って言っちゃったものだから『日本列島から日本人が消える日』は世間から消えることになってしまいました。

日本人が消える前に、自分たちの本を消してどうする。

まだまだ書店からの問い合わせはたくさんきます。欲しいと思ってくださる読者の方もたくさんいらっしゃるのが実感でわかるんです。直接メールもたくさんいただきました。

でも、本がない。もう刷らないって言っちゃった。

それならそんなことを言わなきゃいいのにって思われると思いますが、このままだとまた同じことになっちゃうと思ったんです。

出版社は積極的に売ろうとは思ってないんです。今はラッキーで結果が出てるけど、そんなにラッキーは長くは続かないと思ってる。出版社が本気で売る気がない本は、宣伝も営業もしてくれないから、ちょっと重版しても、いつもの新刊神話で半年もしたら書店に置いてもらえなくなるって思ったんです。私たちは自分たちの本を大切にしたいんです。もちろん著者はみんなそう思っていると思います。

でも今の出版業界は質より量で、とにかくたくさん出版することに一生懸命で、有名人が書いた本や話題になった本のように部数が見込める本だけに力を注ぎ、それ以外は長い目で見るということはないんです。

自転車操業ですね。月間八冊出して一冊でも利益が出たら儲けもの。あとの七冊の経費はその一冊で賄う。一冊も利益が出なかったら大赤字。

だからはじめから利益が少しでも出そうなところを選んでいく。そのときの売れ筋の安全パイばかり選んで出すから、出る本出る本同じような内容、同じようなデザイン、同じようなタイトル、同じ作家になっていくんだと思います。

同じような本ばかり並んでいる書店を見ると読者もつまらなくなっていく。

ある意味著者も使い捨て。とにかく何冊も短時間に書いてもらって、書けなくなったり人気がなくなってきたらおしまい。以前に聞いた社長の言葉が耳に残っています。

「年に十冊くらい書く人いますけどね、内容がやっぱり落ちてきますよね」

それがわかっていて出版社も依頼するんですよね。

それじゃあ出版業界がじり貧になっていくのも仕方ないなって思いました。

だからイヤだったんです。そんな瞬間だけの本にしたくなかった。

長く書店に置いてもらえる方法はないのか？　と考えていたところであつしさんの再びの

発言が飛び出します。

「俺、出版社創る」

気持ちはよくわかるんだけど、私的にはなんか〝今じゃない〟気がする。

なんで？　って言われても、なんか今じゃない気がするとしか言えないこの感覚。

やりたくて仕方がないあつしさんにどうやって伝えよう。

理路整然と伝えられないもどかしさ。

「あつしさん、出版社の件だけど、私はまだタイミングじゃない気がするんだよね。もうちょっと待ってみない？」って言ってみたら、なんと、

「ミナミさんがそう言うならそうなんじゃない？　じゃあ、もうちょっと待ってみようか、そのうちきっとタイミングがくるよね」ってあっさりＯＫしてくれました。

直感を受け取ってもらえてよかったぁ〜、ホッとしました。

いつもこんな感じで、私が感覚で受け取ったことをあつしさんが実際に現実化していくというやり方をしています。右脳と左脳ですね。

右脳タイプの私が受け取った直感、感覚をあつしさんが左脳で現実化するという方法です。アシュタールもさくやさんも直感の大切さをいつも教えてくれるし、直感を受け取った後に実際に行動しなければ現実化しないってことも教えてくれているんです。

そういう意味では私たちはバランスよくできてると思っています。

いや、これは別に惚気でも自慢でもないですよ～（笑）。

ただアシュタールとさくやさんが教えてくれていることを地道に実践しているだけです。でも、直感を受け取り、それを行動に移すことで今まで思ったように現実化できているのは事実です。

それから、さっきから「オーダー」「オーダー」って言ってますけど、この「オーダー」もアシュタールとさくやさんから教えてもらった現実化の方法なんです。

実際これはすごいです。使えば使うほどすごいってわかります。

ちょっと説明させていただくと、何か欲しいものや情報があるとき、エネルギー場に向かって「オーダー、○○」って言えばいいんです。簡単でしょ。

エネルギー場って言ってるけど、場所じゃなくてどこかに向かって言う感じ。

私たちは上に向かってオーダーします。

一階から二階に向かってちょっと大きめの声でオーダーする感じ。

一階から二階のキッチンに向かって、食べたい料理をオーダーする感じって言えばわかりやすいかな。

このオーダーにはちょっとコツがあるんですけど・・・。
できるだけ具体的にオーダーしたほうがいいんです。
たとえばね、中華レストランに行って、
「何か美味しいものを作ってください」って注文しないでしょ。
もし「何か美味しいものを作ってください」って注文したら
自分の望んでいない料理が出てくる可能性が大きいですよね。
「これじゃない、そうじゃない」って思うこともありますよね。

だから、中華レストランに行ったら、具体的に注文しますよね。焼きそばが食べたいと思ったら、あんかけ焼きそばかソース焼きそばか考えるし、中身も肉か海鮮かも考えますよね。真っすぐの太麺かチリチリと縮れた細麺か。こうして自分が食べたいと思う焼きそばを決めて注文したら、それが出てくるということになります。だから、できるだけ具体的に自分が欲しいものをオーダーしたほうがいいんです。

そして、オーダーしたら出てくるのを待っているのも大事なんです。注文したら料理ができるまで時間がかかりますよね。レストランに行って注文したら出てくることを信頼して話をしたり、本を読んだりしながら待っていますよね。いちいちキッチンに言ってまだですか？　まだできませんか？などと確かめないですよね。そして、遅いから焼きそばはキャンセルして、チャーハンに変更しますなんてこともしないですよね。でもオーダーに関しては、これをしてしまいがちなんです。

オーダーしたのにすぐに現実にならないと思って、じゃあ別のものをオーダーしましょうなんて思ってしまって、最初のオーダーをキャンセルしてしまうことがあるんです。オーダーしても待ちきれなくて次から次へとキャンセルとオーダーを繰り返してしまうので、結局どれも現実にならないということになってしまうのです。

だから、オーダーしたらそれが現実になるまで（現実になるにはタイミングがあるようなので）信頼して待っているということが大事なんですって。

そういう私も待つのは苦手でね、キャンセル、やってしまいます。

さくやさん情報では、そういうときは、もう一度オーダーし直せばいいらしいです。

そして、料理ができたら取りにいくんです。

このレストランはセルフサービスなんです。

座ってても誰も持ってきてはくれないので、できましたよという合図が来たら自分で歩いて受け取りに行かなきゃいけないんです。

このできたという合図が、直感や閃きなんです。

あ、ここに行ってみようかな、あの人に会いに行ってみようかな、連絡してみようかなって、ふっと思ったらそれを実行してみると、そこから望んだ（オーダーした）現実に繋がっていく。

連絡してみようかなって思った人から必要な情報を聞くことができて、その情報を得たことで現実化することができるというわけです。

私も淡路島で「話をゆっくり聞いてくれる不動産屋と貸してくれるオーナー」をオーダーして、あてもなくただ直感（あそこ行ってみようかな、ちょっと先まで歩いてみようかな）でふらふらしてたら、超昭和な不動産屋を見つけた、その不動産屋がビンゴな物件を紹介してくれて借りることができたんです。

でもね、この淡路島でのオーダーにはもう一つ面白いことがあってね、それは気がつかないうちに、もう一つ別にオーダーしていたんですよね、私たち。

これは全く意識せずにオーダーしてしまったことなんですけどね、お読みのあなたはもうおわかりだと思います。そうです、私たちは刺激を求めてしまったらしいんですよ、お茶目でしょ。一度白紙に戻ってがっかりした後に、また借りることができるという刺激的な遊びをしたかったらしい。そして、借りられたことに対してもっと大きな喜びを感じたかったらしい。

だから、アシュタール、さくやさんがいつも、「今自分が何を考え、何を感じているかをしっかりと見ていてください」って言うんですよね。

「今を生きてください」っていう意味が、最近やっとわかるようになってきました。

自分がお茶目に刺激を求めているってことがわかったら、一度白紙に戻すなんて現実は創造しなかったよね。でも、まぁ、喜びが倍になったんだからそれはそれでいっか・・・

なんて笑っている二人です。人生は面白い。

ここでこの隠れオーダー（意識してないけどオーダーしてる）に関して、私たちの面白い話があるのでちょっとお話ししますね。

時間は少し前後しますけど、二〇二〇年の話です。去年ですね。『3000倍、引き寄せる。』の本にも書きましたけど、二〇一〇年に湘南台に引っ越しました。そのときも、面白い経緯で一番好きな一軒家を借りることができて、ずっと満足して暮らしてたんです。

そしたら突然、オーナーが家を売るらしいって話が出てきたんです。

オーナーのお父さんが亡くなって、遺産相続の件で売ってしまおうってことになったそうです。びっくりしましたが、不動産屋の話では、オーナーが売るときに借主（私たちだけじゃなくて、他にもアパートを持っていらしてその人たちも）はそのまま住めるようにするという条件を出してくれたそうです。その条件を受け入れたK不動産が買ったんです。だから、私たちはそのまま住むことができると聞いてホッとしたんです。

オーナーがK不動産に家を売ったのが二月。そして、ここからが驚きの展開ですが、オーナーから買ったK不動産はすぐにS不動産に転売したんです。それが四月。

Ｋ不動産はオーナーの条件を受け入れたけど、転売しないとは言っていない。だから、借主がそのまま住めるようにという条件は受け入れたけど、転売したらそれは次の不動産屋次第ということ。

案の定、Ｓ不動産はすぐに家を取り壊し、更地にしてマンションを建てる計画を立てた。すべてはＫ不動産とＳ不動産の出来レースですよ。

最初から更地にしてマンションを建てる計画にしてたんです。

でも、オーナーが条件を飲まなければ売らないということだから、最初にＫ不動産が買い、すぐにＳ不動産に転売するということにしたんでしょう。そうじゃなきゃ展開が早すぎます。Ｋ不動産は二ヶ月ほどオーナーの条件は果たした。

だから文句を言われる筋合いではない。そして、次に買ったＳ不動産は何も条件がないから借主に立ち退きを要求する。これでめでたし、めでたしです。

でもめでたくないのは私たち借主。で、半年後の一月二日までに立ち退いてくださいと言ってきた。

貸主は半年前に告知すれば立ち退きをさせることができるという約款があるので、こちらも何も言えない。出ていくしかないんですよね。

そこから急いで家を探し、引っ越しをしたのが十月です。


引っ越すまでは不動産屋にものすごく腹を立ててました。

だってそのまま住んでいいよって言われた二ヶ月後には出ていけって言われたんだから。

ひどくない？　って思いましたね。

まぁ、怒っても何もできないわけだから仕方なく引っ越しの準備をするしかないですよね。

淡路島に引っ越すまでこの家に住もうと思ってたから、予定ではあと二、三年。
二、三年のためにお金も労力もかけて引っ越さなきゃいけないなんて理不尽。
また何で私たちはこんな現実を創ってしまったんだろうって自分を恨みましたよ（いや、恨むまではいってません）。

何で？　私は何をオーダーしてしまったんだろう？　って準備をしながらずっと考えていました。

でも、おかげさまであの短時間の間に一番気に入った家に引っ越すことができ、ちょっと落ち着いた頃、わかったんです。私が何をオーダーしたか。

あと二、三年だからって、前の家で我慢してたことがあるんです。


それは景色。湘南台に引っ越してから十年の間に環境も変わっていきました。

隣の家も売られてしまい、そこがマンションになったんです。

隣の家があった頃は空も見えて、風通しもよく、気持ちよくカーテンも開けることができたんですけど、マンションになってからずっと日当たりも悪くなり、すぐマンションの窓があるからカーテンも開けることができない。

通りに面した所は、家の中が丸見えになってしまうからカーテンはずっと閉めたまま。

どこも窓を開けることができず、カーテンも閉め切ったままの状態だったんです。

二階もマンションがあるから洗濯物も干しづらいし、カーテンを開けられない。

一階は穴倉のようにいつも電気をつけていなきゃいけないようになってたんです。

それにね、これも不思議な出来事なんですけど、二〇一九年初頭あたりから、回覧板がまわってこなくなってたんです。おかしいな？　ってちょっと思ってたんだけど、特に不便もないし、自治会なくなったのかな？　くらいに思ってました。

そしたらね、七月くらいに隣の方が、自治会費を集めにきたんです。

あれ？　自治会あるの？　って思って、

「うちは回覧板がこないんですけど、どうなってるんですかね？」って聞いたんです。

そしたら「お宅の名前は回覧板には入ってないです」って。

「いや、でも、去年までは回覧版まわってきてましたよ」

「でも、今年度から名前は入ってなかったのでまわさないでいいのかなって思ったんです」

村八分？　それって村八分になってたってこと？

私たち何もしてないのに、自治会費も払っているのに名簿から消されてた？

え？　どういうこと？　でも、今年も自治会費だけは集めにくるってか？　って目が点になりましたね。ま、いいんですけどね、十年住んでますが、この辺の人たちとほとんど話をしたこともなかったし、自治会が何をしているのかも知らないくらいだから、どうでもいいんだけど・・・。

なら自治会費払いたくないな、っていうことで、自治会長に自治会の退会を申し出たんです。何かイヤなことを言われたりするかなってちょっと心配したけど、拍子抜けするほどあっさり受理されました。自治会って一体何なん？　って思ったミナミです。

十年間自治会費を払い続けてきた私って、お茶目。


こういうこともあって、ご近所さんとも別に何か表立ってイヤなことがあるわけじゃないけど、なんかモヤモヤしたものを抱えながら、家も日の当たらない暗い日々。

あとちょっと、あとちょっと、淡路島に行ったらカーテン全部開けられて日当たりの良い、風通しの良い、気持ちの良い家に住もう、だからもうちょっとの我慢って思ってたら、知らないうちに隠れオーダーしてたみたい。


頭では我慢しようと思ってたのに、ハートが我慢できなかったのね。

だから、引っ越しするしかない現実を自分で創り出したのね。

でね、引っ越した所がオーダーそのものだったんですよ。カーテンを全部開けることができるし、日当たりもいいし、風通しはもう最高。景色も最高。すべてがビンゴ！　完璧！　たかが二、三年、されど二、三年。あそこでハートが隠れオーダーしなかったら、ずっと我慢してご機嫌さんではいられなかったと思うし、きっと楽しくない現実を創造してたと思うと、私のハート、すごいって心底思います。

なら最初からハートの声に素直になれよ・・・ってか。

なら、こんなに追い詰められるような現実創らないでもよかったのに、ね。

これが私の追い詰められないと動けないという茶目で可愛い個性・・・ということで（笑）。

でもね、ここでちょっとさくやさんが、

「笑えるくらいのことならいいけど、あなたたちにとって笑えない現実を創造してしまうこともあるから気をつけてね」って言ってるのでお伝えしますね。

「たとえばね、会社を辞めたいと思っているとするでしょ。そこでただ辞めたいってオーダーしたら方法はどうでもいいっていうことになってしまうの、わかる？

レストランに行って、何か美味しい料理くださいと言っているのと同じことになるの。

食べられる料理が出てきても、それがあなたにとって美味しいかどうかわからないし、好きじゃない材料で作られているかもしれない。

とにかく料理は出てくるけど、それに満足できるかどうかはわからない。

会社を辞めたいというオーダーは通って現実的に会社を辞めることになっても
その辞め方が問題になってくるの。


たとえば事故にあってケガをして会社に行けなくなって辞めざるを得なくなってしまうかもしれないし、何か大きなミスをしてしまって会社にいられなくなって辞めざるを得ない状況になるかもしれないってこと。

だから、無意識に無邪気にオーダーしないほうがいいわね。

そのためには、いつも言っているように常に自分が今何を考え、何を感じ、何を欲しているかをしっかりと見ていくことが大切なの。

今の自分をしっかりと見ていれば、望まない現実を創造することはなくなって、好きな現実を創造することができるようになるから」・・・だそうです。

オーダーはとても強力な波動使いのツールだけど、使うにはちょっとコツが必要なんですよね。こればっかりは小さなオーダーをたくさんしてみて、使い方を実践で覚えるしかないと思います。

俺、出版社創る　3

ここから話は、

「俺、出版社創る」

「いや、まだタイミングじゃない気がするのよね」というところまで戻りますね。


私の体験から言わせていただくと、本気でオーダーすると大抵のことは現実化します。

現実化の仕方はびっくり箱のように、そこから？　って思う感じなんですけど、でも最終的には望んでいることが現実になるんです。

でもね、さっきもお話ししたようにタイミングがあるんですよね。すぐに現実化するときもあれば、まだぁ〜、オーダー通らなかったのかなぁ〜、オーダー失敗した？　って不安になるくらい現実化が遅いときもある。タイミングがこなければ現実化しないってことを今までの小さな体験からよく知っているので、今回もあつしさんは私のまだタイミングじゃない、って言葉を素直に聞いてくれたんだと思います。

タイミングがくると直感的に〝今かな〟って思うんです。はっきりとわかるわけじゃないんだけど、何となくわかる。はっきりとわかればいいんだけど、そうは問屋が卸してくれないので、何となくそんな気がするぅ〜、って言うしかないんですよね。私も不安ですよ。この感覚ほんとかなぁ〜ってことしょっちゅうです。けど、それを信じるしかない。これまで小さい体験だけどできたんだから、今度もできると信じるしかないって感じです。

で、今回はまだタイミングじゃないって思ったわけです。

またもや気持ち的にマイナスからのスタートです。

結果が良いのに本が消えてしまうという現状。

空を気持ちよく飛んでいたら、突然出てきた大きな壁にぶつかって落ちてしまったくらいの衝撃的な現実。

ま、自分たちで創った現実なんですけどね。淡路島の一件といい、本のことといい、本当に刺激的な現実を創造するのが好きなんですね。

でも、諦めない。諦めるのはいつでもできる。だって淡路島でも、最終的にはビンゴな最高の物件と出会えたでしょ。だから今回も大丈夫。できる！　今できることを考えよう。

できることは何？　次の本を出したいなら違う出版社を探すしかない。

これはまたオーダーするしかない。

誰か出版社を紹介してくれる人オーダー。

私たちの本を出してくれる出版社オーダー。

いたら手を挙げてぇ～。

ここで、登場してくれたのが、その名もミスターX。

本を営業することで大きな出会いがありましたと書いたその方です。

私たち、絵心もキャッチコピーのセンスもないんです、悲しいけど。

だけど一生懸命考えて、はがき大のポップを作って、それを持って書店に営業していたんです。それをブログで、こんなの持って営業してます。これがあったら、あつしとミナミがこの書店にきたと思ってにやりと笑ってくださいね、ってポップの写真を載せて書いたんです。そしたらね、ミスターXからメールがきたんです。

ミスターXは、何年も前からサロンのお客さんとしてきてくれていて、ワークショップにも何度も参加してくださっている方です。

ほとんど個人的な話をしたことがないので初めて知ったんですけど、ミスターXはデザイン関係の仕事をしたことがあるということで、ポップのデザインとキャッチコピーの例をいくつか提案してくれたんです。そのときからいろんなことを相談していた方です。

ご本人曰く、

「犯罪以外なら何でもしてきました。デザインもやりますし、宣伝などもできます。ひとり電通です。ひとりで電通の業務をこなします」って自分で言っちゃう面白い方です。

そこでミスターXに『日本列島から日本人が消える日』が店頭から消えてしまった経緯をお話ししたら、「知り合いの出版社に声をかけてみましょうか？」って言ってくれて、出版社を紹介してくれたんですね。

出版業界は複雑で、出版社を創立して本を出版することは、ある意味簡単にできるんですけど、それだけだと全国の書店に本を置いてもらうことはできないんです。出版社と書店の間に取次という会社があって、そこを通さないと書店は、ほぼ置いてくれないんです。

大手の取次に口座を開くには（取引ができるようにするのに）出版社としての実績と信用も必要なんですね。だから難しいんです。書店に置いてもらえなければ自費出版的な扱いになってしまいます。書店に置いてもらえなければ人の目に触れることもないので広めることはできない。

今まで出してくれていた出版社も、この取次の口座がなかったので、出版社と別の口座を持っている出版社との二社との契約という摩訶不思議なことになっていました。

なので、今度お願いする出版社も取次の口座を持っているところを探していたんです。

ミスターXが紹介してくれた出版社は、取次口座を持っている出版社だったので、すぐにお話を伺うことにしました。

この出版社の社長Tさんと話をした結果、

本を出版する資金は折半、そして、取次の口座使用料として売り上げの十%を私たちがTさん（出版社）に支払う、という条件でお互いOKして契約する運びとなりました。

すぐに『日本列島から日本人が消える日』を出版したかったんですが、他の出版社から出した本をそのまま出版することはできないし、少し内容や装丁を変えるにしても、断ってからの日が浅すぎるので、仁義に反するのではないかということになり、

『日本列島から日本人が消える日』ではなく、この本の中の登場人物、信長さん、秀吉さ

ん、家康さんを主人公にした漫画を制作しようということになったのです。

漫画はお金がかかります。普通に本を出す三倍はかかるんですと話を聞いてびっくり。三倍・・・ってあなた。でも、出したかったんです。

まあ、出版社と資金を折半ということなので実質一・五倍でしょ。

それなら何とかできるかなと思って漫画家さんを募集することにしました。

ミスターXが奔走してくださって、この方ならって思える漫画家さんが出てきたんですね。その方も私たちの本『日本列島から日本人が消える日』を読んで、面白かったです、ぜひ、この本の中の信長さんのストーリーで描いてみたいです、と言ってくださったんです。初めてお会いしたときに、「本の中のイメージで試しに描いてみました」って言って信長さんと濃姫の絵を見せてくださったんですね。これがホントに私たちが思っていた信長さんと濃姫のイメージ通りで可愛くて素敵で、一目ぼれでした。この信長さんと濃姫が漫画になると思うと、ワクワクが止まりませんでした。

このとき漫画家さんにあつしさんが、

「楽しんで描いてくださいね。楽しんで描くエネルギーが、作品には一番大切だと思ってます。何かわからないことや言いたいことがあったらすぐに言ってください。チームで良い作品を創っていきたいと思ってます」って言ったことに漫画家さんも

「はい」って気持ちよく答えてくれました。

これで漫画本は出せる手はずは整った、あとはT社長と正式に契約を交わすだけになったのですが・・・またここで青天の霹靂のような現実を私たちは創ってしまったぁ～。

なんと、最初に話していた条件をすべて覆されてしまったんです。

最初、漫画本も含めてTさんの出版社から出す本の資金は折半、口座使用料は十%っていう話だったのに、突然Tさんが、資金は出さない（すべてそちらで出してください）、口座使用料として二十%ください・・・って言いだしたんですよ。びっくりでしょ。

何じゃそりゃ、でしょ。一体Tさんに何が起きたのか？

Tさんを紹介してくれたミスターXもTさんの豹変にびっくり。
いや、いくら何でも、この条件は飲めない、こんな無茶な話はないですよね・・・ってい
うことでこの話は白紙に戻りました。

本当に一体何が起きて、こんな話になったのか未だにわからないんですよ。
でも、このTさんのちゃぶ台返しのおかげで、あつしさんの「出版社を創る」話が再燃し、
今回ばかりは私も「行こう!」って言いました。
ここまで現実がお尻を叩いてくれたんだからいくしかないでしょう。
心の底から本気であつしさんは出版社を創りたかったのねぇ〜、だから、この現実を創造
したのねぇ〜・・・って思うしかない現実を目の当たりにして、動かないわけにはいかな
いでしょ。ある意味、T社長に感謝です。T社長がここまで訳のわからないことをしてく
れなかったら、私たちは出版社を創ることができなかったですから。
出版社を創ると決めたときに、今まで起きたことのすべてに感謝しました。

今まで起きたことすべてが、私たちが出版社を創るために、自分たちで計画的に起こしたことのようにしか思えないんです。

まず、前の出版社が倒産して、私たちがお金を出して『日本列島から日本人が消える日』を出版したこと。この事件のおかげで本の出版にかかわる細かい作業やデザインの仕方や出版業界の実態やお金の流れなどを知ることができたんです。

まるで出版社を立ち上げるための予行演習をさせてもらったようなものです。

これがなければ全くの無知の状態で立ち上げることになって、きっとすぐにダメになってしまったと思います。前の出版社が宣伝、営業をしてくれなかったおかげで、書店まわりをして書店員さんたちと知り合いになれたり、ミスターXとも一緒に仕事ができるようになったり・・・これってすごいと思いません？

そのときは「終わったぁ～」って絶望的に思っていたことが、今になってすべて役に立ってる。これがあるから人生面白いんですよねぇ～（笑）。

そして、なかなか動けなかった私への最後のダメ押しがT社長。

T社長がちゃぶ台をひっくり返してくれなければ私はまだグズグズしてましたね、絶対！

ま、ここまで追い詰められる前に動けよっ・・・て、話もちらほらありますが、それはそれとして・・・。


ここから出版社の設立に向けて走り出しました。

ただ私たちは、事務的なことが苦手。書類を見ると拒否反応が出るくらい苦手。

それなのに出版社を創ろうなんて無茶を言う私たちに代わって、事務的なことをしてくれるミスターX。ミスターXのおかげで事務的なことも何とかクリアしていき、出版社の形はでき上がりました。

社名は「株式会社　破常識屋出版」というまた突飛なネーミングで、下手すりゃちょっと危ない関係の会社かなって思われるかもしれないけど（苦笑）。

でも宇宙人が教えてくれる破・常識な情報をお伝えしたくて創った出版社だし、この名前だとおしゃれな名前の出版社がたくさんある中で、インパクトがあっていろいろな方面で覚えていただけるのではないかと思ったんです。

案の定、電話で書店員さんから何度も社名を聞きなおされることが多々ありますが、でも一度覚えていただくと早いんです。

出版社の設立に向けて動きながら、漫画本の制作も同時に動いていました。せっかく素敵な絵を描いてくれる漫画家さんが見つかったんだから、資金の件は苦しいけど何とかなるだろうと思い動いていたんです。必要なお金は必要なときに必要なだけ入ってくると信じて。

私たちの出版社から初めて出すのはこの漫画本。何とか実現したいという思いだけで動いていました。

漫画本に関してですが、最初に漫画家さんにお願いしていたことがあるんです。それは私ミナミがシナリオを書くので、そのシナリオ通りに描いてほしいということです。セリフも一字一句変えずに描いてくださいとお願いし、漫画家さんもそれを承諾してくれていました。

そして、何度もシナリオについて話をして、納得してもらいながら絵の制作に入っていきました。漫画家さんが、信長さんが弟信行の首を刎ねるシーンがどうしてもわからない、イメージできないということがあって、夜遅くにスカイプの前で、あつしとミナミ二人で熱く演技をしたこともありました。あれは今思い出しても笑ってしまいます。

二人とも汗だくで演技しましたよ。久しぶりの演技、面白かったぁ〜。

そんなこんなで一巻目のネーム（ざっくりとした骨組み、漫画の設計図）まででき上がった頃、なんか漫画家さんの絵が変わっていったんです。なんかつまらなそうな絵になっていった。なんか適当に描いている、投げやりに描いている感じにしか見えない絵になっていったんです。二人して？？？？　って思って、漫画家さんともう一度しっかり話をしようと思ってスカイプしたところ・・・、

「何かありましたか？」と聞くあつしさんに漫画家さんの衝撃の一言が・・・、

「私どうしてもこの信長が好きになれないんです。はっきり言って大嫌いです」って。

「今までそんなこと言ってなかったじゃないですか？　何があったんですか？」

「今までは我慢していました。仕事だからと思って描いていました。でももうこんなに本当の歴史から大きく乖離した話を描きたくないです。もし、このまま描けとおっしゃるなら、漫画家としての名前を変えて描きます。私の今使っているペンネームで描くのは恥ずかしいので」

「最初に『日本列島から日本人が消える日』の中の信長さんの話は読まれていましたよね。それで承諾してくれたんですよね」

「最初は面白いかなと思ったんですけど、あまりに理解できないことが多くて、シナリオのセリフも長くて漫画向きじゃないし、はっきり言ってつまらないです。でも、一度請け負った仕事ですので最後までは描きますけどね」

「最初に楽しんで描いてくださいって言いましたよね」

「はい」

「この絵からは全く楽しいエネルギーは感じられないです」

「そうですね、楽しくないですから」という言葉に天を仰いだ二人。

お互い顔を見合わせてうなずき、

「わかりました、では、やめましょう。もうこの後は描いていただかなくてもいいです」

とお断りしたんですが、

「でも、私もこの仕事のために他の仕事を断ってきましたので描かないと困ります。お金にならないと困るんです」

「でも、楽しく仕事ができなければ良い作品は創れないと思いますので、この話はなかったことにしましょう」

「それは契約違反になりますよね」

「契約違反ではありません。どちらかというとあなたのほうが契約違反だと思いますが?」

「最後まで描きます。ならば契約違反にはなりませんよね」

「申し訳ありませんが根本的なところが大きく違っている方と仕事をしても良い作品はできないと思いますので、ここまでにします」

「ならばここまで書き上げたネームはどうなるのでしょうか?」

「これは全く使えません」

「でも、ここまでの労力は使っていますので、それだけのお金はお支払いいただかないと・・・」

「そうですね、私たちもそこは理解していますので、ネームまでのお支払いは致します」

「では、一枚につきこの金額でお願いします」と提示された金額は薄い本ならば印刷できるくらいのものでした。

「これはムリですね」

「いえ、このくらい出していただかないと納得できません。プロの作家としていただく妥当な金額です。調べていただければおわかりになると思いますが」

「それは作品になったものですね。作品になって売り上げが立ったものじゃないですか？ちょっと考えていただければおわかりになると思いますが、このネームは使えないんです。作品として売り上げにならないものです。こちらにとっては何もないところにお金を出すということです。理解していただけますか？　そちらの金額を絶対引かないということならば、代理人を立ててお話しせざるを得なくなりますが、それでもよろしいですか？」という胃が痛くなるような会話が続き、やっと提示された半額の金額でお互い了承したという経緯です。

この会話が終わってスカイプを切ってから、サロンで叫びましたね、「ふっざけるなぁ〜」ってね。誰にも怒りのエネルギーを向けないように、天に向かって叫びましたよ。

「なんなの、あれは！　ほんとムカつくぅ〜。今までのことは一体何だったのよ。なんでまた私たちはこんな現実を創るんだぁ〜。もう勘弁してよぉ〜」って気が済むまで叫んだミナミです。感情は止めちゃダメですからね。思いっきり吐き出しましたね。

叫んですっきりはしましたが、現実はまたまた振り出しですよ。またまた「終わったぁ〜」ですよ。もう他の人と組むのはこりごり。やっぱり自分たちだけのほうがいい。でも、信長さんたちの話は描きたい。でも、私たちに絵は描けない。漫画などもってのほか。どうする？　どうしたらいい？　って思ってたところにあつしさんが

「じゃあ、ミナミさんが小説を書けばどう？　小説なら絵はいらないでしょ。挿絵くらいなら描いてくれる人いるんじゃない？」って簡単に言ってくれるわけですよ。

「ちょっと、待ってよ、小説なんて無理だって」

「だってシナリオは描けるでしょ？」

「そりゃ、シナリオは役者のときに勉強したからね」

「じゃ、小説も描けるよ」

「イヤ、ちょっと待ってってば、小説とシナリオは違うって。それにこの前の漫画家さんに言われた一言も結構トラウマになってるんだから・・・」

「何？　何か言われたっけ？」

「シナリオがつまらないから描けないって・・・」

「何だ、そんなこと？　あれは俺たちの信長さんのストーリーが気に入らないだけで、ミナミさんのシナリオ自体をどうこう言ってるわけじゃないんだから」

「でもぉ〜〜」

「とりあえず書く方向で考えてみてよ」って言われても、

「ムリぃ〜〜」としか思えなかったミナミです。

漫画の話もおじゃんになり、小説など描く自信もない。せっかく出版社を創ったのに出す本もなく有名無実の出版社になってしまう？　ゴースト出版社？　笑い話にもならないよね。一冊も本を出すことなく廃業なんてあまりに悲しすぎる。それはどうしても阻止したい。

じゃあ、どうしようってことで二人で相談して決めたのが『日本列島から日本人が消える日』の改訂版でした。他の出版社で出した形そのままでは出せないけど、加筆して装丁を変えて別の本としてなら出せる。前の出版社との契約期間も終わってるし、著作権もこちらにある。ならば、最初に願っていたように歴史の本を出そうと思ったんです。

本当は漫画よりも、この本を出して、この本が書店から消えないようにと思って出版社を創ったんだから、初心に戻ろうということで新たに八十ページを加筆し、表紙も大きく変え『新・日本列島から日本人が消える日』というタイトルにして出版することにしたんですけどね、これがまたね、面白い話がいっぱいあるんです。

出版に関しての細かいところは、ひとり電通のミスターXがほとんど担当してくれて無事に本となりました。この後です。

この本をどうやって書店に置いてもらうか・・・ここが大きな問題となりました。

前にもお話ししましたけど、取次という問屋のような会社を通さなければ、書店には置いてもらえないんです。だから、T社長の口座をお借りしようとしていたのですが、あの経緯でしょ。新参者の何の信用もない出版社なんて、取次が相手をしてくれるわけがないんです。ちょっと打診してみてもけんもほろろ。取次の口座を持っている別の出版社を探そうかとも思ったんですけど、なんだかなぁ～の気分。

ここでまたあつしさんの爆弾発言が出たぁ～、

「取次を通さず直取引してくれるように書店に頼みにいく」って言い出した。

「書店って全国に何店舗あるか知ってますか？」って聞くミスターXに

「二千店舗くらいかな？」

「一万店舗くらいです」。天を仰ぐミナミ。これまで何度天を仰いだことか・・・。

「でも、とりあえず大手の書店から行けば何とかなるかもしれないよ」

「大手の書店は、それこそ取次を通さないと相手にしてもらえませんよ」

と言うミスターXに、

「大丈夫、何とかなるって、とりあえず新宿行ってみる？」って答えるあつしさん。

「新宿って？　あの新宿にあるめちゃくちゃ大きなK書店？」

「そ！」

「そ！　じゃなくて、え？　真面目に言ってるの？」

「いたって真面目だよ」ということで新宿に向かうあつしとミスターXとミナミの三名。

「ここはね、前の本の営業できたんだけど、親切にしてくれたんだよ」って言いながら
そのときにいただいた担当の方の名刺を出すあつしさん。

書店に着いて前回の営業のときにお話しした店員さんにお会いすると、

「え？　出版社創られたんですか？」って。

「覚えていてくださったんですか？」

「はい、著者が営業にこられるってあまりないですからね、よく覚えています」っておっしゃっていただいて、

「前回の本に手直しをして出版することになりました。それでご挨拶をと思いまして」

「そうですか、ご丁寧にありがとうございます」

「そこで、うちはまだ取次との口座がないので、もしよろしければ直接取引をさせていただきたいのですが・・・」

「・・・直接取引ですか？　取次を通さないで取引をすることはあまりしていないのですが・・・」

「そこを何とかお願いできませんでしょうか？」

「前の本はよく売れましたので、大丈夫だとは思いますが、でも私の一存では今は決められませんので、上司に話はしてみます。またこちらからご連絡しますね」という言葉をいただき、私たちも気分よく次は池袋の大手J書店に行くことに。

こちらも前回営業にまわった書店です。ここでも覚えていただいていて気持ちよく接して

いただけたので、単純な私たちは気も大きくなって、

「大丈夫そうだね、取次なくても書店に置いてもらえるよ。心配することなかったねぇ～」

なんて能天気に構えていたんですよ。

その後すぐに新宿のK書店から直取引OKの返事と、思っていたよりもたくさんの注文をいただきました。池袋のJ書店からも直取引の承諾と注文もいただきました。

最初からこんなにスムーズにことが運んだことで私たちは甘々な考えになってしまったんです。

「この調子なら全国の書店に置いてもらうなんて簡単そうだね。すぐに全国制覇できるよ。取次なんていらないじゃないね」ナ～ンって大口を叩いておりました。

ところがどっこい、こんなにスムーズに話ができたのは、この二店舗と前の本の営業にまわってたおかげで、何とか話を聞いてくれた三十店舗だけで、あとはお断りの嵐。断ってもらえるだけマシなほうで、最初から話も聞いてもらえないところばかり。

地方の書店には、営業にはいけないからFAXで営業をかけたりしましたが、（一括で全

国の書店にＦＡＸを流してくれる会社があるんです）ほとんど返事もこない、返事がきたと思って喜んだら「もう二度とＦＡＸを送ってこないでください」というお怒りのもの。

大手の書店はみんな同じだと思っていたら、店舗ごとに違うんですね。新宿が直取引ＯＫだから、ほかの同じ系列のＫ書店も同じように直取引してもらえるものだと思って話を持っていっても、全く相手にされないこともありました。

名古屋でね、ワークショップをした後に書店に営業に行ったんですよ。直取引させていただけたＪ書店の名古屋店。もうね、ここは忘れない。売り場責任者に会って挨拶をしようとした途端に、手で「しっ、しっ」ってされたんです。え？「しっ、しっ」って・・・犬かよ。犬でも失礼だわ。これにはさすがに頭にきましたね〜、でも「しっ、しっ」ってされたら黙って去るしかないですやん。悔しくてね、その後のあつしさん「ビールを浴びるほど飲んでやる」って叫んでました（苦笑）。

この経験は良い意味でも悪い意味でも忘れないですねぇ〜。いやぁ〜、ほんとに営業するって大変だなぁ〜って身に沁みました。

取次の口座を持っていない出版社は、客注も受けてもらえないことがあるということも知りました。

お客さんが書店に行って（または電話して）うちの本を注文しても、取引のない会社の本は取り寄せの注文さえ受けてくれないんです。これも書店によりますが、客注も受けてくれないところのほうが多いように思いました。読者の方には本当に申し訳なかったです。わざわざ注文にいっていただいたのに書店からとてもイヤな対応をされたというお話も伺いました。そのようなイヤな思いをさせたしまった不甲斐なさに涙が出ました。

なんで？　別に出版社と取引してくれなくてもいいけど、でも書店で注文さえできないってどういうこと？　書店は本を売って成り立っているんじゃないの？　本を買いにきてくださるお客さまをけんもほろろに追い返すってどういうことなの？　意味が分からない。本末転倒。取次と書店の商慣習といってしまえばそれまでなのでしょうが、そんなつまらない商慣習を大切にして、お客さまより取次の顔色を窺って商機を逃している出版業界、書店業界に正直呆れました。そんなことをしているから業界が斜陽になっていくんじゃない。どこを見て商売しているんだか・・・って怒ってみても、破常識屋出版の現実は変わりません。

ネット販売のアマゾンだけは取引してくれたけど、でも、やっぱり書店に置いてもらわなければ広めることはできない。ネット販売もアマゾン以外は取次の口座がないと扱ってくれないんです。R・Tお前もかぁ〜って感じですよ。

で、別の糸口はないかと探したら、小さな出版社が集まって創っているグループがあったんですけど、そこも実績も紹介者もいないということでお断りされましたぁ〜。

最初から実績があるわけないじゃないですか、ホント、そんな条件無茶ですよね。

ネットもほとんどダメ、書店もダメ、ダメダメ尽くしの破常識屋出版です。

取次会社の存在を本当に甘く見ていました。ここまでとは思わなかった。

だから、前の出版社の社長も手数料を払って大手の出版社の口座を借りていたんだって身をもってわかりました。

でも、ここで諦めるわけにはいかないので、あつしさんはサロンの仕事が終わったあと、毎日東京方面や神奈川近辺に営業にまわっていました。二人でまわっても仕方がないので、私はサロンに残りあつしさん一人が営業に行ってたんです。さすがのあつしさんもこの頃は〝帰るよライン〟も元気がなかったですね。ミスターXも別行動であちこち営業に行ってくれていました。

ワークショップでお邪魔した福岡、札幌、名古屋、大阪、神戸の書店にも行きました。あと淡路島から車で高松にも行ったし、ちょっと寄った長崎にも行きましたね。

でも、あまり良い結果は出ませんでした。

ただブログの読者の皆さまのおかげでアマゾンでは良い結果が出ていました。

アマゾンの数字は書店も注目しているんです。だから、アマゾンで売れているということになれば直取引してくれる書店も増えるのではないかと思い、前からしてみたかった電車広告を打つことにしました。これは前の出版社の社長に何度もできないか聞いてみたんだけど、「ムリですね」の一言で片づけられてしまっていた案件です。

読者の方だけを頼りにしていたら売り上げは頭打ちになってしまう。私たちのことを知らない人たちに、本のことを知ってもらうためには広告を出すしかないんです。まだアマゾンで良い数字を出しているうちに広告を打とうということで、東急線、小田急線、京王線、山手線、大江戸線、大阪の地下鉄に段階的に五ヶ月かけて広告を出しました。

知ってはいたんですけど、電車の広告は高い！　すべての車両に出すなんて全く夢の話で、走っている車両のうち数車両のそれも一部の窓に小さく出すのが精いっぱい。

でも嬉しくてね、初めて私たちの広告が載る東急線では、広告を見るために中央林間駅まで行きました。でもね、何車両も待って待って待って見てまわったんだけど、私たちの広告が載っている車両がこない。三時間くらい粘ったんだけどない。ホントに広告出してくれているの？　広告会社、出していますって言いながらホントは出してないんじゃないの？　なんて言いながら、それでもくる車両、くる車両を先頭から最後尾まで見てまわりました。

中央林間は始発の電車が多いので、止まってる時間が長く見てまわる時間があるんです。三時間を超えてそろそろもう帰ろうかな、もう無理かな、今度くる車両で最後にしようね・・・って話をしていたその最後の車両に・・・あった！　あったんですよ！

初めて目にしたとき二人でピョンピョン飛びはねながら喜びましたよ。

車両に乗っていた人たちの奇異な目も気にならなかったくらい嬉しかったですね。

冷静に見たら頭おかしい二人です。たった数枚の広告を見るために約三時間かかるほど少数、これが現実でした。


東急線はまだしも、山手線なんてあの車両数からみたらホント微々たる数でしょ。

ホントにこれで広告の効果はあるのかな？　って思ったんですけど、案外効果はあったんです・・・けどね・・・費用対効果は悪かったぁ〜。悪すぎたぁ〜、売り上げよりも断然広告費が多くて思い切り赤字です。アマゾンでまぁまぁの売り上げが予測できたので、その売り上げを当てにして全部広告に突っ込んだという暴挙、入ってきたお金、全部が広告費に消えてしまった（苦笑）。

「やっぱりね、社長が手を出さなかったわけだ・・・こりゃ費用対効果が悪すぎる」

あつしさんがポツリと漏らした言葉です。

「だね、社長の話聞いてやめときゃよかったね」って私が言ったら、

「だって一度やってみたかったんだもん」だって。

ホントこういうところバカなんだから、って思いましたよ。八百メートル走を何のペース配分もしないで百メートル走と同じペースで走ろうとする男、あつし・・・です。

「でも、もう気が済んだ。中途半端にやってたらダメってことよ。とことんやったから、次が考えられるんだから。ね、だから他の方法を考えよう」

「あ、そうですか・・・へいへい」ってことで、気を取り直して次に向かうことにした二人です。


でもね、電車広告を出しているとき、たくさんの読者の方からここにあったよ、この路線にもあったよって、私たちの広告を写真に撮ってメールで教えていただいたんです。

ホント嬉しかったです。こうして皆さまからパワーをいただいたおかげで次に進む勇気が出ました。ありがとうございました。

それでもアマゾンのおかげで、あちこちの書店から問い合わせがくるようになりました。直取引の契約まではいかないけど、本だけ入荷したいというお話。

これはこれで有難いんですけど、私たちが書店一軒一軒に一冊二冊を送るわけにはいかない。それに請求書や入金確認も煩雑な作業です。そんな時間も手数も余裕がない。

この作業をしてくれるのが取次なんですね。

取次が問屋として全国に本を出荷し、請求書を発送したり、領収書を出したり、入金や返品の管理をしてくれるんです。

取次の口座を持っていない私たちは、その煩雑な作業を自分たちでやらなければいけないんです。これは本当に大変でした。書店に本を置いてもらいたい、でも置いてもらうと事務的な作業が増える。一冊の本を書店に送るためにたくさんの事務作業が発生するんです。

大きなジレンマを抱えることになったのです。アクセルとブレーキを一緒に踏むようなもので、注文があると嬉しい半面、大変だという気持ちが交錯して動きが鈍くなっていきま

した。ミスターXも
「そろそろ次の手を考えないとダメですね」って頭を抱えていました。

口座を持っている出版社を探すしかない。意地を張って自分たちでやるなんて言ってる場合じゃない。このままだと出版社だけじゃなくてサロンも存続できなくなる。

もうね、ここはオーダーするしかないですよ。

取次との口座を持っていて、前みたいに無茶な条件を出さない出版社オーダー！


こんなことをしている間に、次の本の出版を考えていました。

出版社として『新・日本列島から日本人が消える日』だけというわけにはいかない。

他にも本は出したい。でも、漫画はムリ。小説もムリ。

だからと言って他の著者に頼むのもムリ、だって、破常識屋出版は、ミナミAアシュタールの本だけを出版するために創った会社だから。


「そろそろ小説書いてみる気になった？」

「だから、小説はムリだってば、書き方がわからないから・・・」

「いいじゃん、好きに書いてみれば・・・」

「またぁ、そんな簡単に言うんだから」って言いながらも、書きたい気持ちはムクムクとわいてはきていました。

でも、そんな簡単にはいかないよねっていう気持ちが大きくて「書きたい、書く」とは言えませんでした。


「小説書くってミナミさんの夢だったんじゃないの」

「まあ、いつかは書いてみたいとは思ってるけど」

「じゃあ、今書けばいいじゃん、小説書きたいってオーダーしたんでしょ。本出したいってオーダーしたんでしょ」

「したよ、したけど」

「オーダー叶ってるじゃない、書ける環境が整ってるのに何を考えることがあるの？」

「書けるよ、ホント、ものすごく有難い環境だと思う。全くの無名な作家の最初の作品が書籍になるなんて夢みたいな話だよ。知ってるよ。でも」

「だから、何が、でも、なのよ」

「書くことはできる、そんなのはできるよ。でも、面白い小説が書けるかって言われたら、そんな自信ないし」。呆れた顔になるあつしさんに、

「面白くないものしか書けなかったらどうする？」

「面白くないって俺が判断したら出さない。つまらないものなんて出さないよ。そうなりゃそのときまた考えるよ。でも、書いてみなけりゃわからないでしょ。読んでみなけりゃ、俺も判断できないよ」

「自信ないよ」

「自信なんてやってみた人間が言う言葉でしょ。やりもしないうちから自信なんてできるわけないじゃない。ミナミさんもいつもそうお客さんに言ってるじゃないの。人に言うなら自分もやれよ、でしょ。いつもアシュタールやさくやさんに自信は、やって初めてできるものだって教えてもらってるんじゃないの？」

「だよね。そう思う、私も。でも・・・」

「なら、最初からオーダーするなって話だよね。書きたいって言うなって話だよね」

この言葉はずしんと胸に響きましたよ。バカだ、私。そうだよ、あのとき、社長に、

「小説書けないですよね」って言われて悔しくて、必ず小説書けるようになってみせる、書いてみせるって思ったんだよね。書けるようオーダーしたんだよね。

オーダーしといて、それが叶ったら拒否するなんてほんとバカ。大きなチャンスを自分で創っておきながらビビってんじゃないよ！　こんな私ってホントお茶目！　こうなったらやるよ。やりますよ。

「書く、書きます、書かせてください」ですよ。


口に出したら、やるしかない・・・でも、どこから手をつければいい？　小説を読むのは好きだけど、書くとなると何をどうしていいかわからない。最初の一言も出てこない。何も出てこない。ならばとりあえず〝あれ〟からやってみるか・・・。

〝あれ〟というのは、シナリオを勉強しているときに習った方法で、とにかく好きなシナ

リオを一字一句全部書き写してみるということです。これが一番うまくなる方法だと教えられてシナリオを何度か書き写したことはありました。

だから、今度は小説でやってみる。私の大好きな小説家の中でも一番好きだと思う小説をノートにひたすら書き写していきました。

さすがに小説は長いので半分くらいしかできなかったけど、でも気持ちは落ち着きました。

こんなに上手に言葉を紡ぐことはできないけど、でも私なりの表現ができるんじゃないかなって思ったので、書きはじめることにしたんです。

でもね、最初の言葉が決まらない。どんなに唸っても出てこない。困ったぞって思いながら、ベッドでゴロゴロしていたら突然ピカッと閃いた。これでいこうって思ったのが
『縄文を創った男たち～信長、秀吉、そして家康～』の最初のさくやさんの言葉でした。
思ってもいなかった言葉からはじまり、あとは何とか書き続けることができたのですが・・・これがまた小説に見えない。どちらかというとシナリオ、でもシナリオでもない。

すごく中途半端なものになっていく。二十枚ほど書いたところであつしさんに見せると「いいんじゃない」ってまた軽く言い放つんです。

「だってこの書き方じゃ、誰も小説だなんて認めてくれないよ。シナリオとしても認めてくれない。何じゃこりゃって言われちゃうよ」

「誰に認めてもらわなきゃいけないの。面白ければいいんでしょ、書き方なんて関係ないよ。反対にミナミワールドを創っちゃえばいいじゃん」

「ミナミワールドって何？」

「ミナミさんしか描けない世界」

「私しか描けない世界？」

「そう、小説とシナリオの間の誰も書いていない新しい書き方をミナミさんが創ればいいじゃない」

「小説とシナリオの間ねぇ」

「この二十枚を読むと場面がありありと目に浮かぶよ。だから、面白い。このままやってみたら？」

確かに、さくやさんが送ってくれる場面を私が文字に起こしたって感じだから、そりゃ臨場感はあるよね。ドラマを見ながらそれを文字にしているって感じ。（何度も言いますが、私が聞かなければ、さくやさんは何も教えてくれません。聞く前にこれを書きなさいなんてことは絶対にないんです。こちらが資料をそろえ、これはこの解釈でいいんですか？それとも事実はそうじゃないですか？　って聞くから教えてくれるんです。手取り足取りなんてことはありません。宇宙人はそんなに甘くないんですってば！）

そっか、それでいいなら、それが面白いって思ってもらえるように書こう、小説だのシナリオだの形にこだわるのはやめようって思ったら気が楽になりました。形なんて関係ない。私にしか書けないオリジナルの小説にしたらいいいんだよねぇ～。
そういえば、ワークショップの「個の時代に向かって立ち上がる～限界突破～」っていうプログラムの中で、さくやさんが、参加者の皆さんに「自分のオリジナルを創ればいいのよ」っていつも言ってたわ。私が忘れてどうする（苦笑）。

こうして次の小説を書きながらも、出版社としてのジレンマは続いていました。本を出したい、書店に置いてもらいたい、客注を受けてもらいたい、でもそれも多くなっていくとこちらの手が足りなくなってしまう。オーダーはしてみたもののまだ表れない。大手の出版社に連絡しようにも、私たちのような、ぽっと出の出版社は相手にしてもらえず、もう手がないと思っていたところに、ミスターXから二社ほど話を聞いてくれそうなところが出てきたんですが・・・っていう連絡を受けたんです。

そのうちの一社は条件が厳しかったので諦め、あとの一社に望みをかけ専務に会いにいくことになりました。

詳しいお話はお会いしたときにということだったので、条件等もよくわからず、どうなるかわからないけど会ってみようということになりました。

会いにいくと専務だけでなく社長まで出てきてくださって、いろいろな話を聞いてくださいました。そして、気持ちよく、

「お引き受けしましょう」って言ってくださった。それもね、ものすごく願ったり叶ったりの条件で。

私たちが考えていたのは大手の取次の口座を持っている出版社だったんです。

でもこちらの会社は、取次だったんです。

KT書店っていう名前だけだったから普通の出版社だと思っていたら取次だったんです。

ビンゴ！　です。

どういうことかというと、私たちは大手の取次しか知らなくて、その何社のうちのどこかを通さないとダメだと思い込んでいたんですね。だから、大手の取次の口座を持っている出版社と契約することばかり考えてたんです。

でもね、取次は大手だけじゃなかったんです。

そんなことちょっと考えればわかるのに、大手しかダメだっていう先入観にとらわれて大手よりもちょっと小さい中堅の取次があることを失念していたんです。盲点でした。

さっきから言っている出版社と取次の違いって何？　ってことなんですけど、取次という問屋としての仕事をしてくれるかどうかということです。大きな出版社でも問屋の仕事をしないところは、取次と口座を開き任せているんです。

とにかく出版業界は複雑怪奇で理解しにくいのですが、本を刷って出すのが出版社で、その本を書店に卸すのが取次（問屋）です。

定価千円の本を問屋に（これは例えです、取次と出版社の契約によって変わってきます）七百円で卸すとします。それを取次は、書店に八百円で卸す。書店は千円で売る。

その百円が取次の手数料となるのです。

だから、口座を持っている出版社は七百円で卸せるのですが、口座を持っていない出版社は、持っている出版社の口座を借りるのに（これも例えですが）、十％の手数料を支払うということになるのです。

千円の本を書店に並ぶようにするには、取次への三百円と出版社への手数料百円がかかるので、一冊売れると売り上げが、六百円となります。六百円も入るならいいじゃないって、思いますすが（私もそう思ってましたが）そこから本を出版するための装丁デザインや校正などの費用に印刷代、倉庫代、運搬費そして、著者への印税などを差し引いたのが出版社の利益となるので、なかなか甘くはないのです。

で、最後の望みでお会いしたKT書店は取次だったんです。

取次と直接取引させてもらえるから、中に別の出版社を入れる必要がない。

ということは、口座を貸してもらう必要がないということです。

お金のことはもちろんですけど、間に他の出版社が入っていないから、話がスムーズに進みます。この出会いは、本当に有難かったです。

こうして書店とのやり取り（注文、請求、入金確認など）の煩雑な作業はKT書店にお任せすることができ、あとは本を、どうやって宣伝していくか、に専念することができるようになりました。

ちょっと話は戻りますが、なぜ漫画を出したいと思ったかというと、もちろん信長さんたちの熱い思いをドラマのように書きたかったというのが一番なんですけど、それと同時に『新・日本列島から日本人が消える日』を宣伝したかったんです。

日本列島の本は歴史の本なので、歴史に興味のない人は手に取ってくれそうにないけど、漫画ならばまだハードルが低いかなって思ったんです。

それに日本列島の本を読んで誰かに薦めたいと思ってくださる方がいらしたら、日本列島よりも漫画の方が薦めやすいかなって思いました。

なので、最初に漫画を出そうと思ったんです。

でも、漫画がダメになってしまったから、今度は小説よりもちょっとハードルの低そうなライトノベルという形で出すことにしたんです。

小説と言ってしまうと、特に歴史ものはハードルが高いでしょ。

歴史小説って聞くとすごい大物作家が描く壮大な物語、NHKの大河ドラマ的なものをイメージするでしょ。それは私にはあまりに荷が重いと思ったので（別にライトノベルを低く評価しているわけではありませんが、世間的、書店的には軽い感じの小説ってイメージがあるので）、ライトノベルという名目で出版することにしたんです。

とにかく私たちは『新・日本列島から日本人が消える日』をずっと書店に置いてもらえる本にしたいんです。それには売れ続けなければいけないんです。注目される本でなきゃすぐに返品されてしまう。本当にアッという間に返品されるんです。ひどいときには取次から配本されたその日に、段ボールから出すこともせずに返品されることもあるとか。

書店に並ぶこともなく返品される本にはしたくない。

それには名前を知ってもらうしかない、それには宣伝するしかないんです。

宣伝・・・どうやって？　電車広告はもうあり得ない。駅の看板？

これも検討してみたら電車広告と同じく費用対効果が悪すぎる。

だってね、電車の広告もそうだけど誰も見ないでしょ。みんな電車を待っている間や乗っているときは周りなんて見ないでスマホとずっとにらめっこでしょ。電車内広告や駅の看板広告は、相当お金を使って全車両すべて借り切るくらいじゃなきゃインパクトがなくて誰も見てくれない。じゃあ、どうする？

コロナ騒動は一体何なん？

ここで「じょうもんの麓」がどうなっているかのお話をしたいと思います。

じょうもんの麓というか私たちが住みたいからという理由のほうが大きいのですが、淡路島に賃貸マンションを借りて藤沢以外でやるワークショップの帰りに寄って、いろいろ情報を集めるようにしていました。

でも、ご存じのように二〇二〇年は、コロナ騒動でなかなかワークショップに出かけることもできず、淡路島にもあまり行けませんでした。

じょうもんの麓の話からちょっと逸れますけどね、コロナ騒動は一体何なん？　って思いますね。ワークショップを開催しようと思って借りていた会場もガラガラ。半年ほど前から会場は予約しておくんですけどね、福岡の会場なんて予約したときは、ほとんど満室で希望するお部屋も取れない状態だったのに、いざその日になるとガラガラ、フロアに十室以上あるのに、結局私たちだけっていうことになっていました。本当は借りたかったけど予約が取れなかった大きめのお部屋も空いていて、キャンセルが出たなら早めに情報が欲しかったなって思いましたよ。

大阪の会場も名前が書いてあるのに他の主催者の気配がないんです。あれ？　って思って管理の人に聞いてみたら、全部キャンセルになったんだけど、名前がないと何だか寂しいから架空の主催者の名前を書いているんです、っていう笑えない話を聞きました。

食事に行ってもどこもガラガラで、美味しくて大好きでよく行っていた居酒屋も、「お客さんがこなくてもうダメかもしれない」って言っていました。

このお店は本当に美味しくて店長さんもすごく気さくで、半年に一回くらいしか行かない私たちをすぐに覚えてくれて「今回は早いですね」とか言いながら、ポンってあつしさんの肩を叩いてくれるような素敵な方です。こんな素敵な店長なのでファンも多く、いつもたくさんのお客さんでにぎわっていました。当日だと予約が取れないことが多いので、大阪に行く前に予約するくらいでした。

ここのタイの昆布締めが最高でこれはいつも必ず頼んでました。でも一度売り切れだったことがあったんです。だから予約するときに「私たちの分は置いといてね」って頼むほど美味しかったんですよ。

でもね、最後に行ったとき頼もうと思ったら、

「すみません、いつものタイの昆布締め、魚屋が卸してくれないんですよ。変なものは出したくないし申し訳ないです」って悲しそうに言うんです。

「どうして？」って無遠慮に聞く私たちに、

「魚屋や酒屋や卸の店への支払いが滞納してて、卸してくれなくなったんですよ」

「卸してくれなきゃ商売できないんじゃないですか？」

「そうですね、オーナーに掛け合ってみたんですけどなかなか動いてくれなくて、従業員

の給料もまともに出せない状態だから、私の貯金から払っていたんですけど、もうムリです。こんな状態だから板長もやめてしまったんですよ」って言うんです。

お客さんがこなきゃ店はやっていけない、店が傾いたらそのお店に卸している魚屋、酒屋、他の物を卸しているところも厳しくなっていく。卸している店が減っていくと周りの関係の店や企業も苦しくなっていく。

もちろん従業員も働きたくても働けない。やっぱり給料が出ない店にはいられないですよね。そういうことになるだろうとは頭ではわかっていたけど現実を突きつけられると心が締めつけられる思いでした。

自粛してくださいって政府は簡単に言うけど、外出、外食を自粛するということはこういうことなんです。知事たちや政治家たちもコロナなんて怖くないのを知っているのに、ただ「自分たちはしっかりとやってます」感を押し出すパフォーマンスのためだけに、悪循環にはまってしまい、どんどん経済が滞ってしまう。この店も店長も何も悪くないんです。卸のお店も企業も何も悪くないんです。誰も何も失態を演じたわけじゃないのに、自分ではどうしようもない理由で店が立ち行かなくなっていく。理不尽です。

しばらくしてネットで見てみたら、このお店、やっぱり閉店してました。ものすごく残念です。

仙台に行ったときは、帰りの飛行機が変更になって（便数が大幅に減らされて）最初に予約した飛行機から四時間も後で、空港で何もすることなく待たなければいけないという事態に。

空港の飲食店やお土産屋さんも閉店していたり縮小していたりで時間をつぶす所もないので困りました。飛行機もガラガラでした。飛行機だけじゃなくて大阪へ行く新幹線もガラガラ、車両に私たちだけっていうこともありました。

一体何がどうなっているのか、訳がわかりませんよ。

最初の頃（二〇二〇年の初頭）はものすごく危ないウイルスで、何週間後には道端でバタバタ人が倒れていく、四十二万人以上が死ぬって話を聞いたけど、私の周りは一年経っても誰も倒れる（死ぬ）どころか罹ったっていう人すらいません。

テレビでは毎日のように何人罹った、何人が重症ですって流しているけど、よ～く話を聞いて数字を見てみたら、毎年のインフルエンザのほうが重症者や罹患者が多いという矛盾。自粛自粛という割にはＧＯ ＴＯ、トラベルとか言い出すし。

家にいろ、でも、どんどん旅行に出かけろって矛盾もいいところ。

こんなくだらない騒動のために美味しい飲食店が閉店したり、飛行機もホテルもどこ行ってもマスク、マスク、消毒、消毒ってうるさいし、いい加減にしてくれよって感じです。

私たちは、コロナはフェイクの騒動で、ウイルスなんて全く怖くないと思っているので、マスクも消毒もしませんけど、誰にも何も言われたことはありません。

けどね、この世間の風潮があまりにもバカバカしくて勘弁してほしいです。

この件に関してはもっともっと書きたいことがいっぱいあるんですけど、あまりに長くなってしまいそうなので話を戻します。もっと詳しく知りたい方はブログ、もしくは超次元ライブをご覧くださいね。と言っても、この騒ぎはじょうもんの麓にも影響してきたんです。

それは何か？　土地の価格です。淡路島の土地の価格が上がってるんです。

なぜか全国的に土地の価格が上がってるらしいんです。

こんなにコロナ不況であちこちで閉店や倒産しているのに、不思議なことに土地と株はバブルの頃のように上がっている。コロナ騒動の裏で何が起きているのか？　閉店や倒産したところの土地を安く買い叩いて、高く売ってるんじゃないかと思うんです。

特に都内の一等地にある繁華街。

そのために意図的に自粛やなんや言ってるんじゃないかと思うくらいです。

世界でも、このコロナ騒動の中、ますます貧富の差が広まっているらしい。そりゃ富める人たちが意図的に起こしている騒動なんだから、富める人たちにまた富が流れていくように操作するなんて簡単ですよね。富める者はもっと富み、持たない者はもっと貧しくなっていく世界。完全におかしな世の中です。

そして淡路島の場合、コロナ騒動だけのせいじゃなくて、派遣会社のPが淡路島に本社機能を移すっていうことも影響しているらしいんですけど、とにかく土地が高くなってるんです。

何でまた私たちが住みたいと思うところに、あの悪名高いPがくるかなぁ～、これも私たちが創った現実？　なんでまたこんな現実を創った？　ま、そのうちわかるでしょ（って思っておこう）。

特に私たちが気に入ってここがいいと思っている所は倍近くになってる。

その上目をつけていた土地も、もうほとんど買われてしまっている。

これじゃあ無理だわって思って、また他に土地を探したんです。

淡路島の中でですけど。淡路島の神戸に近い土地ならば、まだ私たちにも手が届くんじゃないかと思って探してみたんですけどね、その近辺はPが社屋を建て、勤める人たちの社宅も近くに建ててるらしいんです。またPですよ。

わざわざ超ピラミッド型の会社の社屋の近くに、丸い社会を創る必要はないですよね。

できれば離れたところがいい。それに淡路島の人たちに聞くと、みんな口を揃えてその辺りは寒いし、気候が荒れるから外からくる人には住みにくいよって言うし。ならどこがいい？　ということで、淡路島の土地探しは、まだまだ途中です。

ここがね、大きな問題なんですよ。問題というかジレンマというか矛盾というか・・・

お金のいらない提供し合う社会を創りたいと思いながら、結局はお金が必要という・・・。

これって信長さんが抱えた矛盾と同じです。

戦のない平和な国を創りたいと思いながら、戦をしなければいけないというジレンマ。

大きな矛盾。でも、土地を買うにも、みんなが集まれる場所を創るにも、お金が必要だということは明白であって、必要なお金は創るしかない。


ということで・・・私たちに今できることは、本を出版して宣伝して皆さまに手に取っていただくことしかない。どうやって広めるか、それが問題です。


いろいろ考えていたんですけど、電車広告は見る人がいないから効果は低い。

じゃあ、電車に乗っているときやヒマなとき、人は何してる？　スマホを見る人が多い、ならば、ネットに広告を出せばいいんじゃないの？　っていうことになりました。

ネットの広告なんてしたことないし、何だか難しそうだし、ちょっと躊躇したんだけど、でもやってみるしかない。やっていくうちに何かわかってくるんじゃないのかな、な〜ンっていつもの軽い感じで手を出してみたものの、やっぱり難しい。

だいたいパソコンやSNS自体よくわかってないのに、そんなところに手を出して大丈夫？　ならばネット広告とはどういうものか、どうすればいいのか、という初歩の初歩から勉強するしかない、ということで、ある先生のところで勉強することにしたんです。

ネット広告といってもフェイスブック、ツイッター、インスタグラム、ユーチューブや、なんやかんやたくさん種類があってそこからわからない。

どこをターゲットにしていいかわからない。

困って先生に相談したところ、その先生も本の宣伝広告はしたことがないと。

化粧品や洗剤などのリピート商品は気に入ってもらえれば何度も売れる、だから積み重なっていくから費用対効果も上がっていくけど、本は一度読んでしまえばそれ以上買わない。だから、広告宣伝費をかけても費用対効果はよくないです、という答えが返ってきました。ですよねぇ〜。それにネット広告をするためにはランディングページというものを作らないとダメなんですよ。最終的な購入ページ。たとえばアマゾンの購入サイトのようなものです。ざっくり説明すると、まず本に興味を持ってもらえるようなキャッチコピーを考え、次にもっと詳しい説明をするためのページを作り、最終的に成約ページに誘導するという工程が必要なんです。いろいろ試してみたんですけど、
どうもピンとくるものがない。どうも具体的に考えることができない。

時間ばかりが過ぎていく。これはタイミングとかではなく、私たちには合わない方法なのかもしれないと思いなおし、別の宣伝方法を探すことにしました。

けど、広告はこれ以上考えられない・・・って思ったとき、ユーチューブ動画に広告を入れるのは？　って話になったんです。

フェイスブック、インスタ、ツイッターばかりに目を向けてユーチューブに広告を入れるという発想がなかった。

誰かのユーチューブ動画の中に広告を入れてもらったらいいんじゃない？　って思ったんですけど、それには私たちも短い動画を作らなければいけない、本の内容を三十秒くらいにまとめて、その上にちょっとカッコよく見せなければいけないなどハードルは高く問題は山積。

またまた、これは無理かな？　って思ったところ、ん？　ん？　なら自分たちの動画を作ったらいいんじゃないの？　って。誰かの動画にお金を払って広告動画を入れてもらうんじゃなくて、自分たちで動画を作ればいいいんじゃない？　そしたら、三十秒なんて言わず、好きなだけ本を紹介することもできるし、私たちが伝えたいことも好きなだけ話をすることができる。その上、広告費を払う必要もないし、反対に広告費をもらうこともできるんじゃない？

どうしてここに気がつかなかった？　どこかに広告を出すことしか考えていなかったから、こんな簡単なことに考えがいかなかったんですよ。思い込みって怖い。

こうして私たちは、ユーチューバーとしてデビューすることになったのです。

まさか、自分たちがユーチューバーになるとは、びっくり。

「超次元ライブ　迷宮からの脱出　パラレルワールドを移行せよ！」というまた勇ましい題名をつけた次第でございますが、とにかくこの狂った世の中（迷宮）から脱出する情報をお伝えしたいという一心なんです。

でも、動画を作るって面白い。

今までは個人セッションやワークショップという限られた人数の方たちにお話しするということしかできなかったけど、ユーチューブだと（まぁ、一方通行ですけど）、たくさんの人に伝えることができる。なおかつ広告費も払うんじゃなくて入ってくる。

お金のいらない社会を創りたいけど、お金が必要な私たちには最高のツールなんです。

おかげさまで本も広めることができています。

新しいことにチャレンジするってすごく楽しい。

私たちはアシュタールやさくやさんが教えてくれる情報を一人でも多くの方に伝えたい、そのために本を出してたくさんの方に読んでもらいたい。

そして、お金のいらない小さな社会を創りたい・・・それにはユーチューブは一石二鳥どころか一石三鳥なんです。それに楽しいから、一石四鳥ですね。

今度はこの超次元ライブをどうやって広めていくか、ということを考えています。

面白いと思ってもらえるチャンネルを創るには、どうすればいいかということを、日夜楽しみながら考えているあつしとミナミです。


そして超次元ライブを開設してから半年後に、超次元ライブとは別に新しいチャンネルも開設しました。

私は約八年間、ほぼ毎日アシュタール、さくやさんからのメッセージをブログでお伝えしています。その過去の記事が面白いんです。八年前のメッセージを今読んでも十分面白い情報なんです。今でも必要な情報満載なんです。

だから、四年前くらいからあつしさんが過去記事を毎日、文字のテロップでユーチューブ動画にしてアップしていたんです。

とてもシンプルな動画、言い方を変えれば、ベリー、スペシャル、ワンパターン。

背景も何も変わらず音声もなく、ただアシュタールのメッセージが淡々と流れてくる動画なんですけどね、結構ご覧いただいているんです。

だから、過去のメッセージは、この動画があればいいかなって思ってたところ、二年ほど前からメッセージを音声にしてほしいというリクエストをいただくことが多くなってきたんです。そして音声がないなら自分で読んで動画にしてもいいですか？　というお問い合わせも増えてきました。

有難いお申し出なんですけどね、メッセージを他の人が読んでしまうと、その方のエネルギーが乗ってしまいアシュタールやさくやさんのメッセージのエネルギーが変わってしまうんです。メッセージは言葉だけではなくエネルギーでも送ってくれているので（どちらかというとエネルギーのほうに重点を置いているので）、エネルギーが変わってしまうとメッセージ自体も違うものになってしまうんです。

特に機械音で読まれてしまうと言葉もエネルギーもまるで違うものになって全然伝わらなくなってしまうんです。だから本当に申し訳ないんですが音声にすることは皆さんにお断りしてたんです。

音声に関してのお問い合わせがくる度に、さりげな～く、あつしさんが、

「ミナミさんが話せば？」っていう思考を飛ばしてきているのは気がついてはいたんだけどムリムリ。

私は、アシュタールのエネルギーを感じながら書くことはできるけど・・・、話すのはまた別の話。


私、ナレーションは好きなんです。役者をやっていたときにナレーションの仕事をしたこともあります。なので、もしかしたらできるかもと思い、実はちょっと、こっそりと一人でやってみたことがあったんです。でもね、まるでダメ。

まるでアシュタールのエネルギーを受け取れなくて断念したことがあったんです。

だからあつしさんの無言の圧は、スルー。ムリムリ、ムリムリ。


二〇二〇年の後半になって、ますます音声動画にしたいっていうお問い合わせが増えてきたんです。

毎日のように音声が欲しいというリクエストと音声動画を作りたいというお問い合わせが

入ってくるようになりました。

そんなに音声動画って必要なのかなって思ったある日のある瞬間、突然、ピキーンって頭の中にヒビが入ったようになって、

「そっか、私が話せばいいのかぁ〜、あはは」って笑いながら勝手に口に出してたんです。

今誰が言った？　っていうくらい自分でもその言葉にびっくりしました。

そんなことそのとき何も考えてもいなかったのに突然、

「なら私が話せばいいんじゃん」って思ったんです。

「何かできる気がする〜〜」って思えた？　どういう心境の変化か自分でもわかりません。

ムリだって思ってたのに、なんで？　って自分で不思議だったんだけど、口に出しちゃったからもう引っ込めない。やるしかない。一緒にサロンをやってくれてるくみちゃんも驚いたみたいで、

「大丈夫？　自分で自分の首絞めてない？」って心配してくれたくらいびっくりの展開。

きっとずっと心の底のほうではやりたかったんでしょうね。

でも怖がりの私はいつもの如くビビってた？　だからそれに気がつかない振りをしてたん

ですね。
で、ある日、何かの拍子でそれが表に出てきたのかな。
突然自分の気持ちに正直になっちゃったのかな。自分でもこの変化に戸惑いながらも、
とにかくやるって言っちゃったからにはやるしかない。

ということで、私は話すことに専念したかったので、くみちゃんに動画の作成はお願いして新しいユーチューブ「ミナミAアシュタール　Radio」をはじめることになりました。

人生何が起きるかわからない。ムリだと、ダメだと思っていても、タイミングがきたらやる気になるかもしれない。人生って面白い、って思いながらも、なかなか思ったようにアシュタールのエネルギーを声に乗せることができず四苦八苦しているミナミです。
「慣れよ、慣れ」って相変わらず気楽に言ってくれるあつしさんに苦笑いしながら
「ですよねぇ〜」って答えるしかない私です。
私ができる範囲でやればいい・・・ですよねぇ〜、さくやさ〜ん。

最初はソフト整体のサロンからはじめ、アシュタールと出会い、アシュタールとさくやさんのメッセージをブログで発信し、そこから、あらたに波動エネルギーワークを取り入れ、ワークショップを開催するようになり、超次元サロンという、何をやっているのかわからないサロンになり、そして出版社を立ち上げ、次はユーチューバーですよ。

今は二つのブログ（破・常識あつしの歴史ドラマブログ！とミナミのライトらいとライフ）、ユーチューブ動画「超次元ライブ」「ミナミAアシュタール　オフィシャルサイト」にそして「ミナミAアシュタール　Radio」の三チャンネル、

そして、本を出版することで丸い社会に移行するための情報を、一人でも多くの方にお伝えしたいと思い、あつしさんと1％プロジェクトを楽しんでます。

そして、実際に丸い社会のサンプル？　こんな感じ？　っていう拠点を創りたいと思い「じょうもんの麓」プロジェクトも進めている最中です。

この動きを応援してくださる方、私たちのブログやユーチューブ、本を広めようとそれぞれのやり方で活動してくださる方もいらして、おかげさまで地味で地道ですが、少しずつ広まってきている実感があります。やっと土台ができてきたかなって感じてます。

今、ここにいます。これからどうなるか、何をしていくかはまだわかりません。

でも楽しんでやりたいことをやっていきたいと思っています。

道（手段、方法）はいろいろ変わるけど、私たちの最終的な目的地は変わりません。目的地は信長さんたちが望んだ「縄文の頃のような生活ができる社会」です。題して、「じょうもんの麓」を創るぞ大作戦！　でございます。

よく「人のために、社会のために活動されてて、すごいですね、感謝します」的なことを言われるんですけどね、私たちは社会のためにとか、人のためにとか全く思っていません。最初にお伝えしたように、自分たちが楽しいからやっているだけです。

ゲームです。どうやって黒い石ばっかりの社会を白にひっくり返していくかのオセロゲームをしていると思っています。

まだまだゲームは中盤です。これから何ができるかワクワクしています。
変な女とバカな男の珍道中は、まだまだ続きます。
さてさて、これからどうなりますことやら・・・では次回をお楽しみに！

YouTube で配信中！

超次元ライブ

迷宮からの脱出
パラレルワールドを移行せよ！

ピラミッド社会から
横並びの丸い社会に移行するためには
どう思考を変えるのか？
3 次元から 5 次元に移行する方法や思考を変える解説、
視聴者の方々からの質問に お答えしていく番組です。

出演
あつし
ミナミ
さくや（宇宙人）

視聴ベスト 10

1 位 レプティリアン VS ナーガ
2 位 トランプ大統領
3 位 ドラコニアンとレプティリアン
4 位 ジョン・レノン、マイケル・ジャクソン
封印された真実
5 位 レプティリアンの支配はいつまで続くの?
6 位 ディスクローズ編2
7 位 前説編
8 位 神様は宇宙人
9 位 陰謀論・都市伝説
10 位 あなたはどの未来を選ぶ?

再生回数 700 万回

チャンネル登録者数 46,183 人

（2021.4.27 現在）

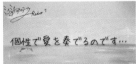

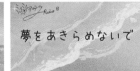

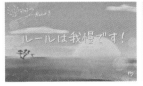

ミナミAアシュタール

ミナミAアシュタールは、宇宙人のさくや、アシュタール、
地球人のミナミ、あつしとでつくっているチームです。

ミナミ

幼少期に、 超感覚に目覚める。

ある日に他の子供たちと違うことを自覚し、その不思議な感覚を封印した。

大学卒業後はCAとなり国際線勤務。結婚して波乱の人生を経験した。

その後に、女優として映画・テレビ・舞台で活躍。

そんなある日のこと、封印していた超感覚が復活する。

株式会社Muuを設立し、サロンをオープン。

ブログを始め、チャネリングメッセージを発信。

人気ブログランキングで自己啓発部門トップとなる。

ワークショップ、セミナー、トークショーを全国で開催している。

YouTubeでの超次元ライブ「迷宮からの脱出　パラレルワールドを移行せよ！」では、
さくやさんのメッセージの通訳を担当している他、ミナミAアシュタールRadioで
アシュタールのメッセージを伝えている。

ミナミのライトらいとライフ
https://ameblo.jp/kuni-isle/

破・常識　あつし

教師になるため、大学に進学。

しかし突然、俳優になるために18歳で上京した。

5年の俳優養成期間を経て劇団に入りプロの役者となる。

メインキャストとして2000を超える舞台に立つ。

テレビ、映画、声優として活動する。

その後突然22年間在籍した劇団を退団し、俳優を休業。

株式会社Muuを設立。

カウンセラー・セラピストになり、全国でセミナー、ワークショップ、
トークショーをプロデュースし、講師として活躍。

ブログで、真実の日本の歴史をはじめ、宇宙人のメッセージを発信。

YouTubeでの超次元ライブ「迷宮からの脱出　パラレルワールドを移行せよ！」では、
MCとプロデュースを手掛けている。

破・常識あつしの歴史ドラマブログ！
https ://5am5.blog.fc2.com/

【身体を持って次の次元へ行く 2】

発行　2021年　5月25日　第1刷発行
　　　2022年11月18日　第5刷発行

著者　ミナミAアシュタール

カバーデザイン　みづ

発行者 / 発売元　株式会社　破常識屋出版

https://www.ha-joshikiya.com/

〒252-0804

神奈川県藤沢市湘南台2-16-5　湘南台ビル2F

電話番号　0466-46-6411

印刷製本　中央精版印刷株式会社

ISBN 978-4-910000-05-3